U-CANの
思いが伝わる&気持ちがわかる！
保護者対応のコツ

千葉経済大学短期大学部　こども学科教授
横山洋子 著

はじめに

　新人のころ、私は保護者対応が苦手でした。保護者から話しかけられると緊張してしまい、自分の至らなさから消え入りたい気持ちになっていました。

　それでも、長い時間がかかってわかったことは、保護者は身構えて向き合う相手ではなく、「子どもの成長を共に喜ぶ味方である」ということ。たとえ強い要求をぶつけてくる方でも、根っこには「自分の子どもをよりよい方向に育てていきたい」という強い愛情があること。それがわかってからは、こちらも子どもの幸せを願っていることを伝え、どうするのが子どもにとって一番よいのかを共に考えるよう心がけました。そうすれば、どんな保護者とも必ず同志になれるのです！

　保育者の仕事には、子どもの保育だけでなく、保護者の子育てをサポートすることも含まれます。かけがえのない乳幼児時代を見守り、「子どもってこんなにおもしろいんだ！」と保護者が思えるよう、共に歩むよきパートナーでいてください。

千葉経済大学短期大学部
こども学科 教授　横山洋子

本書の特長

よくあるケースを55本掲載
園の現場でよくある55のケースを紹介。今抱えている悩みを解決するヒントになるエピソードがきっと見つかるはずです。

OK・NGのポイントがわかる！
ついやってしまいがちな対応をNGパターンとして紹介し、何がいけないのかを解説。OK対応では、特に気を付けたいこともアドバイス！

検索しやすいキーワード
55のエピソードの中から読みたい内容をすぐに探せるキーワードを抽出。もくじにも掲載しているので、知りたいことがパッと見つかります。

まんが形式で楽しく読める！
エピソードは読みやすいまんが形式で紹介。具体的にイメージしながら考えることができます。下の4つの注釈も参考にしましょう。

 よい言い方や行動を紹介。よりよくなる対応策も紹介します。

 よくない言い方、行動を指摘。その理由も解説します。

 特に気を付けたい行動、覚えておきたいポイントを取り上げます。

 保護者の気持ちや、考えを紹介します。

コラムでスキルアップ！
知っていると保護者対応や保育がもっと充実する知識をコラムで紹介。保育者としてどう行動すべきかをエピソードに沿って考えられます。

 対応の後、更にどのようにフォローすべきかを紹介しています。

 これまでの自身の保育や保護者対応はどうだったか、振り返るポイントです。

 似ているケースとその対応について取り上げます。

 保護者がどのような気持ちを抱いているのか、理解を深めましょう。

はじめに ……… 2
本書の特長 …… 3

保護者との接し方の基本

1 いつもさわやかな笑顔で！ …………………… 8
2 話し方の基本 ………………………………… 10
3 積極的にコミュニケーションを …………… 12
4 個別対応は丁寧に …………………………… 14
　知っておきたい！　言い換えフレーズ …… 18
5 「書く」コミュニケーション ……………… 20

OK? NG? 保護者対応のコツ55

生活習慣・発達

| しつけ | 1 生活習慣などのしつけを園に押しつけてくる …………… 24
| 過保護 | 2 保護者が手をかけすぎ、生活習慣が身に付かない ……… 26
| 生活リズム | 3 保護者が夜更かしさせるので、子どもがいつも眠そう …… 28
| アレルギー | 4 食物アレルギーがあり、給食への不安が強い …………… 30
| 食が細い | 5 好き嫌いが多く、食が細くて悩んでいる ………………… 32
| 着替え | 6 もっとこまめに着替えさせてほしい！ …………………… 34
| 心配性 | 7 育児書通りに成長しないと、不安を感じている ………… 36
| 多忙な保護者 | 8 いつも忙しそうな保護者に子どもの成長を知らせたい … 38
| 睡眠 | 9 夜、寝つけないのは昼寝のさせすぎでは!? ……………… 40
| 就学への不安 | 10 子どもがのんびりタイプで、就学が不安 ……………… 42

発語の遅れ	11	言葉が出るのが遅いのでは、という心配	44
発達に無関心	12	情緒面での発達の遅れに保護者が無関心	46
発達障害	13	発達障害の可能性をどう伝えればよいか	48

園生活

遅刻	14	毎朝、登園時刻に遅れてくる	50
忘れ物	15	クッキングや製作活動など特別な日に忘れ物をする	52
心配性	16	預けた後も、子どもが気になって園を離れない	54
連絡帳を書かない	17	連絡帳に何も書いてこない	56
おたよりを読まない	18	園からのおたよりや掲示物を全く見ていない	58
登園時に叱る	19	叱られながら登園するため、泣いて活動に入れない	60
登園拒否	20	登園したがらず、毎朝大泣きして困っている	62
気軽に休む	21	家庭の都合で気軽に休むため、行事の練習が滞る	64
体調不良時の登園	22	子どもの体調が悪いのに、園へ連れてくる	66
連絡が伝わらない	23	祖父母が送り迎えをしていて、両親に連絡が伝わらない	68
他の子への不満	24	他の子のヘアスタイルや持ち物に口出しをする	70
写真販売	25	行事の写真販売で、わが子が全く写っていない	72
保育内容への不満	26	園の活動内容に意見や不満がある	74
なかなか帰らない	27	お迎え時、立ち話に夢中でなかなか帰らない	76
物を壊した報告	28	子どもが園の物を壊したことを耳に入れたい	78

子ども対応

友達関係	29	友達と仲よく遊べているか、過剰な心配をする	80
けんか（けがをした）	30	子ども同士のトラブルでけがをした	82
けんか（けがをさせた）	31	子ども同士のトラブルでけがをさせた	84
けんかの報告	32	けんかで子どもが大泣きした日の報告	86
けんかの相手	33	けんかをした相手の名前を詮索する	88
けが（対応に不満）	34	けがをした際の、園の対応に不満がある	90
見ていないときにけが	35	保育者が見ていないときにけがをした	92
過保護	36	わが子の言い分だけを信じてクレーム	94
憶測で心配	37	まだ明瞭に話せない子の言うことを憶測し、心配する	96
言葉づかい	38	入園してから言葉づかいが悪くなった	98
子どもの変化	39	子どもが急に保育者にべったりするなどの変化が…	100

保護者トラブル

ネットで悪口	40	インターネット上で園や担任の悪口を書いていた	102
プライベートの詮索	41	保育者のプライベートをしつこく聞いてくる	104
上から目線	42	若いことや出産経験がないという理由で保育者を見下す	106
担任への不信	43	担任の私を飛ばして園長や主任に深刻な相談を…	108
保護者間トラブル	44	保護者同士のトラブルを相談されて…	110
他の保護者への不満	45	他の保護者へのクレームを「園から伝えて」と言われた	112
保育者のミス	46	発表会で子どもの名前をうっかり言い間違えた‼	114
連絡がつかない	47	発熱でお迎えをお願いしたいのに連絡がつかない	116

付き合いにくい	48	目を合わせず返事もせず、付き合いにくい … 118
無理な要求	49	クラス替えやグループ決めなどでの無理な要求 … 120
噂好き	50	知りたがりで、他の子のことを詮索する … 122

行事

配役への不満	51	発表会での配役に、不満がある … 124
作品展の見方	52	作品展の見どころを保護者に知ってほしい … 126
行事中の私語	53	発表会などの行事で、保護者の私語が止まらない … 128
マナー違反	54	運動会などでビデオ撮影や観覧のマナーを守らない … 130
協力の依頼	55	行事手伝いや掃除など、園への協力をお願いしたい … 132

フローで解説！ 行事での接し方
保育参観・懇談会・個人面談＆家庭訪問 … 134

必ず役立つ！ # 保護者の心をつかむフレーズ集 … 140

保護者との接し方の基本

保育者として知っておきたい、保護者との接し方をまとめました。
さわやかな印象で、よりよい信頼関係を築きましょう。

1 いつもさわやかな笑顔で！

子どもに対するときと同じように印象よく、気持ちよく！

　笑顔には人をホッとさせる、温かさや親しみを伝える力があります。保育のプロならば、笑顔に磨きをかけましょう。日々の対応の中で意識する他、鏡を見て自分で確かめることで、より魅力的な笑顔になっていきます。口角を上げ、目は大きく見開いてから、目力のあるニッコリとした笑みに。口を少し開けて、歯の見える笑顔にもトライ！　だれから見ても感じのよい保育者でいたいものです。

自分からあいさつをすることが保護者と打ち解けるための第一歩

　人との出会いは、あいさつから始まります。あいさつで印象が決まると言ってもよいでしょう。こちらから先に声をかけることで、保護者は嬉しさを感じます。さらに、「〇〇さん、おはようございます」「〇〇さん、さようなら」と、相手の名前を呼ぶと、自分だけに向けられたあいさつであることを知り、好印象になります。相手の目を見て、さわやかにあいさつしましょう。

保育者の身だしなみ

身だしなみを整えると、気持ちがすっきりし姿勢もよくなるもの。
自園の方針に沿いながら、保育にふさわしい身だしなみを心がけましょう。

接し方の基本

ヘアスタイル
園の方針や規定にもよりますが、ヘアカラーは明るくしすぎないほうが誠実な印象になります。パーマやウェーブは自分に似合うものに。あまり派手な印象はマイナスです。

メイク
メイクはナチュラルが基本。アイメイクは濃くしすぎないよう気を付けます。リップは、ピンク系やオレンジ系の明るめの色が◎。カラーコンタクトはもちろんNG。

服装
服装は清潔感があるパステル系などの明るい色を選びます。襟ぐりが開きすぎた服やフードのついた服は保育に適していません。エプロンを着る場合はポケットの中などに、子どものけがにつながる物は入れないようにします。

ヘアアレンジ
目元を隠さないように、前髪はピンで留めるか、眉あたりで切りそろえ、肩より長い髪は結びます。表情がすっきり見える髪型が好まれます。

耳元
ピアスやイヤリングは、保育に必要ありません。子どもが触ってけがをしないよう、保育中は外します。

手元
結婚指輪など細い指輪はOKですが、あまり太いものは×。ピアノを弾いたり、砂遊びをしたりするため長い爪も不適当です。ネイルはケア用の透明のものならOK。

足元
万一、子どもとぶつかってもけがをしないような柔らかい素材の靴を選びます。また、すぐに脱いだり履いたりできるよう、紐で結ぶタイプは避けます。

2 話し方の基本

相手の目を見て きれいな言葉づかいを！

保護者と話す際は、話の内容が伝わるように、口をよく動かしてはっきりと話しましょう。相手の目を見て、相手が話を理解しているかを確認することも大切です。声の高さは自然なトーンに。また、たとえ親しみを込めたつもりでも、保護者に対して「そうなんだ！」「うん、うん、わかる〜」といった友達言葉や流行言葉で話すのはNGです。丁寧な物言いを心がけましょう。

丁寧語が基本！ 和やかな雰囲気で

たとえ保護者が年下でも、丁寧語で話すことが望まれます。そうすることで、相手を大切にしている気持ちが伝わるからです。謙譲語も適切に使い、わきまえがあることを示しつつ、堅苦しくならないよう、笑顔で和やかな雰囲気をつくります。また、「おかばん」「お机」といった過剰な美化語は慎みましょう。

はっきり発音して ハキハキと明るく

何を言っているのか、言葉がはっきり伝わらなければ、相手はイライラしてしまいます。もじもじして小さな声なのは困りますし、早口なのも聞き取れません。滑舌よく、口を大きく開けてゆっくりと話しましょう。人は口元を見て、その動きからも言葉を理解します。ですから、保護者と話す際は、マスクを外して話すほうがベターです。

接し方の基本

肯定的な表現で
よい印象を与えて

　子どもの様子を伝える際は、たとえ注意を促したい場合でも、まずは肯定的な表現で子どもの姿を伝えます。否定的な言い方やマイナス表現は、保護者に反感を抱かせます。また、何かを依頼する場合は、「して当然」のような口調ではなく、子どものためにお願いする雰囲気で話しましょう。気持ちよく、内容を相手に届けたいものです。

へりくだりすぎは×
「保育のプロ」を意識して

　まだ1年目だから、まだ若いから、保育歴が浅いから、保護者よりも年下だから…。こんなふうに、経験が浅いことなどに引け目を感じている人もいることでしょう。だからといって、「すみません」を連発したり、「～がうまくいかなくて…」と言ったり、いつまでも自信のない様子を見せていては、保護者も不安になってしまいます。子どものことを専門に勉強してきて、日々、集団の子どもを見ているのですから、「私はこのように考えています」と自信をもって発言しましょう。

出入りする全ての人に
気持ちのよい対応を

　園には保護者以外にも、多くの人が出入りします。業者の方、近隣の方にも明るく丁寧に対応しましょう。保護者だけには丁寧に、業者には横柄…という態度を取っていると、必ずどこかで保護者の目に入り、「裏表のある先生」と受け取られかねません。いつだれに見られても困ることのない、一貫した姿でいたいものです。

腕や足を組むのはNG
聞く姿も見られている

　その人の姿勢やくせも、印象に大きく影響します。腕組みは偉そうな感じに、足を組むのは横柄な態度に見え、誠実な印象を与えません。保護者と話す際は、事前に深呼吸をしたり、両腕を後ろに回して胸を張ったりして体をほぐすと、リラックスすることができます。

3 積極的にコミュニケーションを

いろいろな子どもが いるように いろいろな保護者がいる

保護者の中には、話しやすい方もいれば、声をかけにくい方もいるでしょう。でも、話すのがいつも同じ人ばかりにならないよう、苦手と思う人にこそ積極的に働きかけましょう。「私はあなたと、あなたのお子さんについて話し、喜び合いたいのです」という思いを前面に出して接すれば、きっと気持ちが通じるはずです。積極的にコミュニケーションをとろうとする姿勢をみせることで、保護者の態度が変わり、話しやすくなることもあります。

どの保護者にも同じように

親心を理解して 共に子どもを 育てていく

協力して子どもを育てる！

保護者にとって、子どもは宝です。自分の子が一番かわいく、一番大事。だからこそ、自分の子が傷つけられたり、悲しんだりすることは許せないのです。子どもを守るためには、どこまでも闘う気持ちをもっています。また、子どものことは自分が一番わかっていると思っています。まずは、その気持ちを受け止めたいもの。その上で、園での子どもの様子を伝え、どのように育てていくことが本人のためになるのか、一緒に考えていきましょう。

接し方の基本

シーン 1 ＊登園時＊
朝一番はあいさつと健康観察をしっかりと！

「おはようございます！」とさわやかにあいさつし、親子の表情を確認。子どもの元気がなさそうなら、体調について尋ねます。保護者が伝えたいと思っていることは丁寧に聞くべきですが、時間がかかりそうな相談ごとは、降園時か時間の取れそうな後日にしましょう。朝はどの保護者も忙しいことを肝に銘じて。

シーン 2 ＊降園時＊
日中の様子を伝え、お願いごとも忘れずに

その日の遊びの様子や嬉しい場面を、一言でも伝えられるといいですね。忘れ物が多い方には、明日の持ち物などについても具体的に、しかし感じよく伝えたいもの。しっかりと話したいことがある場合は「10分ほど、お時間よろしいですか？」と、確認してから話しましょう。急いでいるようであれば、都合のよい日時を約束します。

シーン 3 ＊園行事＊
準備をしっかりとしてありのままの保育を実践

保護者も楽しみにしている参観日や発表会、運動会などの園行事。子どもたちが楽しんで活動している姿を見てもらえるように、しっかり準備をしましょう。自分の保育を見られていると思うと緊張しがちですが、保護者は我が子だけを見ていることが多いもの。あまり気にしすぎず、ありのままの自分の保育を実践しましょう。

ワンポイントアドバイス
バス通園の子の保護者とのコミュニケーション

バス通園の子どもの保護者とは、接するチャンスが少ないので、連絡帳などを通して情報を共有します。緊急に知らせなければならないことは、電話で話します。保育者と会えないから園の様子がわからない、とならないよう、子どもの姿をこまめに伝えましょう。

4 個別対応は丁寧に

強い要望や意見を受けたら…

「クレーム」ととらえず真の問題点に着目を

　保護者が意を決して訴えてくることには、それ相応の思いや理由があるはずです。何に不満を感じているのか、どうしてほしいと思っているのかについて、まず誠実な態度で耳を傾けましょう。そして、「この点について改善してほしいと思ってらっしゃるのですね」「このように対応してほしいとお考えなのですね」と、その思いを一旦受け止めます。園の改善のためにも、嫌な顔をせずに向き合いましょう。

対応ポイント 1 事実を確認し、訴えの本質をとらえる

　「けがの際の対応が悪かった」などの保育者の対応についての内容であれば、日時やどのような対応だったのかを具体的に尋ね、事実を確認し、メモします。立場が違うと事実の見え方も違うので、居合わせた人の話も聞くとよいでしょう。

対応ポイント 2 子どものことを第一に考えて

　「昼寝をさせるな」といった親の都合による訴えもあります。その要求にこたえることは子どものためによいことなのかを第一の基準にして判断しましょう。子どものためにならないと考えた場合、理由も加えて保護者へ伝えます。子どもの成長を最優先するのは、保育者の責務です。

接し方の基本

ワンポイントアドバイス　保護者の「困っていること」は何？

中には怒りに任せて、目くじらを立てて突っかかってくる方もいます。そのような場合、一体何がこの怒りの根本にあるのかを探りながら、保護者の話に耳を傾けましょう。小さな不満について一つ一つ言い訳していると、かえって怒りの火に油を注いでしまうことにもなりかねません。「嫌な思いをされたのですね」と受容的な態度で、保護者の心の奥の一番悩んでいる部分、保護者として困っているだろうという部分を冷静に見つけ出しましょう。

対応ポイント3　自分の考えだけで即答はしない

勢いに任せて「すぐ○○してください」という要求を突き付けてくる方もいます。そんなとき、その場の雰囲気で安請け合いするのはNG。新たな問題を引き起こすことにもなりかねません。自分一人で判断せず、「主任や園長に相談して、お答えします」と一旦預かる形にしましょう。

対応ポイント4　主任や園長に立ち会ってもらう

問題が大きい場合、主任や園長に相談し、一緒に話を聞くとよいでしょう。保護者も立場が上の人に直に話せることで、重く受け止められたと感じます。そして、その場にいる全員でよりよい解決法を考え出す努力を。また、経緯と解決法を書き留め、自分の経験として考察を深めましょう。

深刻な相談を受けたら…

保育のプロとして冷静に受け止める

　うちの子は発達が遅れているのではないか。友達がいないんじゃないか。そう思うと、保護者は不安に襲われます。子どもにどのように対応すればよいのか、どのように見守ればよいのか、親身に相談に乗りましょう。また、ＤＶや離婚、嫁姑関係の相談を受ける場合もあります。これは保育者の仕事なのか迷うかもしれませんが、子どもの育ちは家庭の状況に激しく左右されるものです。保護者のつらさや悩みを受け止めながら、子ども支援の立場から発言するようにしましょう。

対応ポイント1　保護者の気持ちに寄り添って

　深刻な相談内容に戸惑うこともあるでしょう。しかし、自分では抱えきれないからこそ、相談するわけです。保護者がそんな思いをしていることを理解して、まずは受け止めましょう。「大変ですね」と共感的にうなずきながら話を聞くだけでも、保護者は心強く感じるものです。

対応ポイント2　聞いてくれるだけでも保護者は嬉しい

　保護者は自分の苦しみを吐き出したいと思っています。一瞬で解決できるような魔法があるとは思っていません。このつらさを抱えていかなければならないこともちろんわかっています。それでも、共感的に聞いてくれる人、そして子どものことを第一に考えてくれる人が側にいると、心から落ち着き、安心できるのです。

接し方の基本

ワンポイントアドバイス

「子ども理解」を深めると保護者の横顔も見えてくる

子どもは親を映す鏡です。子どもの言葉や価値観、行動は、親の影響を色濃く受けています。保護者が不安を抱えているときは、子どもも不安定になりがち。「ママがこの頃、しんどくてずっと寝てる」など、ポロリとこぼすこともあるでしょう。子どもの様子をよく見て、家庭でのやり取りや雰囲気を察し、保護者理解につなげたいものです。子どもが変われば保護者も変わります。子どもが楽しく園に通うことが、保護者の幸せと心得ましょう。

対応ポイント 3　アドバイスは信頼関係ができてから

相談されたからには、何かよい回答をしなくてはいけない、と思う必要はありません。「そんなときは、こうすればいいんですよ」と上から目線で返したりすると、「たいしたことではない」と思われた、私（保護者）の悩みをはね返されたと憤りを感じる場合もあります。まずは、信頼関係をしっかりと築きましょう。

対応ポイント 4　ベテラン保育者や専門家にも頼って

一人で抱え込みすぎると、一緒につぶれてしまう危険もあります。自分一人では保護者の悩みを受け止めきれないと感じたら、主任や園長に伝えましょう。ベテランの保育者にも同席してもらったり、時には医療や法律などに詳しい専門家につないだりすることも重要です。ネットワークを広げ、保護者の悩みが軽くなる方向へと導きましょう。

知っておきたい！ 言い換えフレーズ

保育者はいつでも丁寧で、前向きな言葉を使いたいもの。
社会人としても知っておきたい、好ましい言い方を紹介します。

✕	○	解説
わかりません	わかりかねます	「わかりません」では、答えず突き放した印象に。「申し訳ありません、わかりかねます」とお詫びの言葉を添えて伝えましょう。その後、対策について続けて話しましょう。
ご苦労さまです	お疲れさまです	「ご苦労さま」は目上の者が目下の者に言う言葉です。ねぎらう言葉としては「お疲れさま」のほうが無難です。しかし園ではあまり多用すべきではないと心得ましょう。
了解しました	承知いたしました	「了解」は自分がわかった、という意味で、目上の人には使わない言葉です。話の内容を引き受ける場合には「承りました」「承知いたしました」が丁寧な言い方です。
すみません	ありがとうございます 申し訳ございません	どんな状況でも口癖のように「すみません」で済ます人がいますが望ましくありません。お礼なのかお詫びなのかがはっきりと伝わるよう、より丁寧な言葉を選びましょう。
どうしますか？	どうなさいますか？ いかがいたしますか？	相手の意向を尋ねる言い方です。相手が自分の行動を決める場合には「どうなさいますか？」、こちらに行動を求めている場合には「いかがいたしますか？」が正しい言い方。
〜させていただきます	〜いたします	「やらせていただく」「させていただく」は、過剰な謙譲語で、かえって失礼に聞こえるため避けたい言い方。自分がある行動を進んでする場合は「〜いたします」でOK。
私のほうで〜	私が〜	最近は積極的でない婉曲な表現が多いですが、保護者との会話では端的な言葉のほうがわかりやすいでしょう。まわりくどく、主語のない言い方は避けるべきです。
園長先生は外出されています	園長は外出しております	保護者など外部の人に対して、園長は身内なので敬語は使いません。「園長先生は〜」と敬称を付けるのもやめましょう。身内はへりくだるものと覚えておきましょう。

＊子どもの特徴 言い換えフレーズ＊

子どもの特徴をプラスイメージの言い換えで肯定的に伝えましょう。

集中できない →	好奇心が旺盛	子どもはいろいろな物に興味をもちます。一つのことをしていても、他も気になるのは、好奇心が旺盛な証拠。好奇心を上手に育てていきたいものです。
行動が遅い →	物事にじっくりと取り組む	こだわりがあると、服を畳むことにも時間をかけて丁寧に取り組みます。手早くさっさと！と思ってしまいがちですが、じっくり取り組む姿勢を認めましょう。
手が出る →	行動で働きかける	手が出てしまうのは、言葉より先に体が動いてしまうから。保護者に話すときは「ボディランゲージで思いを表現する」というように伝えます。
引っ込み思案 →	優しい	なかなか自分のやりたいことを強く言えないのは、相手に遠慮してしまうからです。相手のしたいことをさせてあげる、人に優しい性格だと言えるでしょう。
泣き虫 →	感性が豊か 	すぐに涙が出てしまうのは、感性が豊かだからです。泣こうと思わなくても、勝手に涙が出てきてしまうのでしょう。その感性を違う形で発揮できる場を提供しましょう。
優柔不断 →	慎重派	やりたいことがなかなか決められないのは、慎重に考えている証拠です。うまくいかないかも、こんなことが起きるかも、と先々を考えているのでしょう。
飽きっぽい →	行動力がある 	いろいろなことに手を出して経験を重ねる姿は、行動力があるといえます。思い悩むより、やってみようとする姿を認め、失敗からも学べるようにしましょう。
ずるい →	頭の回転が速い	自分に都合よく行動できるというのは、先々のことをよく考えているからです。こうするとこうなるから、と予測を立てられるその頭脳をよい方向へ導きたいものです。
うそをつく →	考える力がある 	自分にとってよくない状況が生まれると考えるから、それを避けるためにうそをつくのです。状況を見極めて判断する力をよい方向に生かせるよう配慮しましょう。

接し方の基本

5 「書く」コミュニケーション

1 連絡帳

日々のやり取りで信頼関係を築く

子どもの年齢や園によって連絡帳を書く頻度や分量は様々ですが、連絡帳というコミュニケーションツールで保護者との距離は確実に近づきます。文字は丁寧に書き、友達に対するようなくだけすぎた表現にならないよう配慮します。特に絵文字はＮＧ。保護者が何か書いてくれたら必ず目を通し、その日のうちに必ずその事柄に関する返事を書きます。「書いてよかった」「また書こう」という気持ちをもってもらえるようにします。

ワンポイントアドバイス　"文は人を表す"を肝に銘じて

優しい、おっちょこちょい、ぶっきらぼう…保育者のキャラクターは必ず文章に表れるものです。どんな文章でも、保護者が読んだときにその人らしさが伝わります。子どもの姿から成長を感じるような記述を目指せば、こちらの思いは伝わるでしょう。そのためには保育中の子どもをプロの目で見つめ、育ちをしっかりとらえる必要があります。何度もくり返し読まれるものと心得ましょう。

接し方の基本

今日気づいた育ちのシーンを臨場感ある文章で

保護者が一番嬉しいのは、自分の子どもの成長についての記述です。「今日、友達にこんな優しさを見せた」「遊びの中で工夫していた」「力を合わせてやり遂げた」というシーンが具体的に書かれていると、保護者は感激するでしょう。保育者には臨場感のあるわかりやすい文章を書く力も、求められます。

質問には必ず答え、連携を強調

連絡帳で何かを尋ねられたら、その日のうちに返答します。保護者は、持ち帰った連絡帳に何も書かれていなかったら、自分の質問が受け流されたと感じてがっかりします。保育者への信頼も揺らぎかねません。即答できない場合も、質問を受け取った旨を書き、「後日、園で相談してお答えします」と添えましょう。

付せんや手紙をプラスする工夫も

書いても読んでもらえない場合、また持ち物など特に強調しておきたい事柄があるときは、そのページに付せんを貼っておくのも一案。表紙に大きめの付せんで「牛乳パック2つ」などと大きく書いて貼っておくのも効果的です。この場合、必ず口頭で「持ち物を付せんで貼っておきましたよ」と伝えておくと嫌味になりません。また、改まったお礼やお願いがある場合は、フォーマルな便せんや一筆せんを使用すると、気持ちが伝わり、連絡帳にも残らないのでおすすめです。

ワンポイントアドバイス ケースバイケースで電話も活用しよう

あまり嬉しくない内容を伝えるのは、後に残る連絡帳より電話のほうがベターな場合も。帰宅するころを見計らって電話で話しましょう。話が込み入っている場合、連絡帳では読み違いや誤解の元となることもあります。そのつど、確認できる電話で伝えましょう。

2　おたより

クラス全体に伝えたい情報を楽しく、読みやすく！

　どこに何の情報が書いてあるのかが一見してわかるよう、囲みや見出しを使ってレイアウトします。イラストも活用し、読みたくなる紙面を作りましょう。一文は短く、簡潔に。また、クラスの子どもたちの育ちについて、具体的なエピソードを載せ、どのようなことに目を向ければよいのか、保護者の理解が深まるような内容を心がけます。個々の子どもについて記載する場合は、偏りがないか、載っていない子はいないか、名前の間違いはないか確認しましょう。

3　掲示板

今日のお知らせを目につきやすく表現して

　お迎え時に目に入るよう、出入り口付近に掲示板を設置すると便利です。特筆すべき活動をした日は、そこでの子どもの様子や育ちが分かるように、保育者の言葉で語ると、保護者も足を止めて見入ることでしょう。写真も一緒に貼ると、様子がより伝わりますが、いつも同じ子ばかりにならないよう配慮も必要です。

　明日の持ち物や連絡事項などは簡潔に箇条書きで伝えます。おたよりなどですでに伝えていても、前日にもう一度、確認の意味で書いておきましょう。

OK? NG?
保護者対応のコツ 55

Contents

生活習慣・発達	P.24
園生活	P.50
子ども対応	P.80
保護者トラブル	P.102
行事	P.124

生活習慣・発達

1 生活習慣などのしつけを園に押しつけてくる

エピソード
2歳児のTくん。トイレトレーニングや着脱の自立がなかなか進まないので、保護者に家庭でもチャレンジさせてほしいと伝えたところ、「うまく教えられない」「園でやってください」「園にお任せします」と、不機嫌に。どうお願いすればよい？

NG 気持ちを顔に出す
保護者から思ってもいない返答があったとしても、保育のプロなら顔には出さないのが基本。常に笑顔で受け止めましょう。

保護者の
キモチ

保育のプロに任せたい

保育者は長い時間、子どもと関わっているんだし、保育のプロなんだから、上手に教えてくれて当然でしょ。そのために、高い保育料を払っているのに…。親の私が教えるより、プロがやってくれたほうが子どもだって幸せだと思うんだけど。

「基本的なしつけは、ご家庭ですべきだと思うんです」

これでは、生活習慣のしつけを家庭に押しつけていることになります。保護者からすると、子どもは園にいる時間のほうが長いのに…と不満を募らせる可能性も。たとえ正論でも保護者にそのままぶつけるのは、避けたほうがよいでしょう。協力し合えるような言い方を工夫したいものです。

「Tくんのために、力を合わせて取り組みましょう」

保育者が楽をするために、お願いしているわけではありません。Tくんに対して、家庭と園が連携をすることにより、身の回りの自立が促されるのです。家庭がやるか、園がやるかではなく、共に手を携えて行うことが子どものためになる、と丁寧に伝えましょう。

生活習慣・発達　しつけ

Point 家庭との連携をアピール！

「子どものため！」と伝えることで、家庭での取り組みも、生活習慣を身に付けるうえでは大切だと、保護者も理解してくれます。

OK チャレンジしたことを喜ぶ

他の子と比べるのではなく、チャレンジしたこと、そして自立へ取り組む姿に対して、共に喜ぶ姿勢を見せます。

振り返ってみよう　園での取り組みを伝えられていた？

いきなり「おうちでもやりましょう」と言われても、保護者は戸惑います。「トイレに座ってみました」「今日は成功しましたよ」など、園での様子を小まめに伝え、保護者と連携して進められるようにしたいですね。時間のとれる休日前などには、家庭での進め方も詳しく伝えましょう。

生活習慣・発達

2 保護者が手をかけすぎ、生活習慣が身に付かない

エピソード 生活習慣がなかなか身に付かない3歳児のTちゃん。お箸を勧めてみても、「ママがフォークでいいって言うもん！」。着替えに関しても、「いつもママがしてくれるもん！」とやる気が全く起きません。保護者にどう伝えればよいでしょうか？

NG 保護者を否定する

生活習慣のしつけについては思い悩んでいる保護者も多いもの。頭ごなしに否定する言葉は、保育者への不信感につながります。

保護者のキモチ

まだ小さいから、いいのに

まだこんなに小さいんだから、手をかけてあげて当然。やってあげることが親としての喜びだし、子どもにも自分が愛されていることが伝わるはず。嫌がることをさせるのはかわいそう。本人がやりたくなった時にやればいいでしょ。

「お母さんが何でもやっちゃうから、Tちゃんできないんですよ」

これは保護者のしていることを批判する発言です。つい言ってしまいたくなりますが、グッとこらえましょう。批判されたときに、「私がいけなかったんだ」と素直に思う人は稀です。多くはカチンときて、こちらに否定的になり、かえって保育がやりにくくなると考えたほうがよいでしょう。

「『自分でできた！』と思うと、どんどん自信がつきますよ！」

どの保護者も、子どもの成長を願っているものです。自信のない子より、自信をもって生き生きと活動するわが子であってほしいと思っています。ですから、保護者の関わり方次第で、子どもがよい変化をするなら、やってみようと思うでしょう。保護者の心理を読み、うまく誘導することが肝心です。

生活習慣・発達　過保護

OK 具体的な策を伝えるのも◎
お箸でつかみやすいおかずから始めてみる、ズボンは座って履いてみるなど、どうすればよいかを具体的に伝えるとよいでしょう。

Point 子どもの小さな変化に気付いて
保護者に伝えた結果は子どもの様子を見ていればわかります。少しの変化にも気付いて認める言葉をかけましょう。

アフターフォロー
スモールステップでできたことを伝え、喜び合う

取り組み始めた保護者の思いを受け止め、小さな成長でも「園では、こんな姿を見せてくれました」と伝えて、共に喜び合いましょう。また、うまくできなくても、子どものやろうとしている姿勢をほめるよう、アドバイスします。

生活習慣・発達

3 保護者が夜更かしさせるので、子どもがいつも眠そう

エピソード
保護者が夜型の生活をしているため、就寝時間が遅くなりがちな5歳児のJちゃん。午前中はいつも眠そうで、活動にも身が入りません。日中も元気いっぱい遊べるように、生活リズムを整えてほしいのですが…。

保護者 否定された!?

自分の家庭の生活スタイルをダメだと決めつけられたと感じ、怒り出す保護者もいるかもしれません。

振り返ってみよう　子どもの本当の思いを伝えた？

友達ともっと遊びたいのに眠くて遊べないなど、子ども本人もジレンマを感じているはずです。その思いを保護者に伝え、どうすれば楽しく生活できるかを話し合いましょう。子ども自身が、自分から親に早く寝たいことを伝える必要もあります。

生活習慣・発達 / 生活リズム

「夜更かしばっかりじゃ、Jちゃんがかわいそうです」

保育者だけが子どものことを考えているように印象付け、保護者を悪者にしています。保護者にしてみれば、「忙しくてこういう生活スタイルにならざるをえない私だってかわいそうなのに！」と主張したい気持ちにもなるでしょう。また、子どもに対して「かわいそう」という言葉は禁物です。

「早く寝られると、もっと園で活躍できるお子さんです」

自分が努力することで、子どもに目に見えてよい変化があるとわかれば、保護者はやる気になるものです。しかも、この言葉は保育者がJちゃんの能力を十分にわかっていることを示しており、保護者はわが子をほめられたと思うでしょう。俄然、生活リズムの改善にも乗り気になるはずです。

日中の様子も付け加えて

保護者の知らない、日中のいつも眠そうな姿を話すことで、生活リズムを整える大切さが伝わります。

Point 改善した姿も伝える

生活リズムを整えたらよい結果が生まれたことを、後日必ず保護者に伝えます。共に子どもの変化を喜びましょう。

こんなケースも　朝ごはんを食べてこないので、いつも元気がない

保護者に時間の余裕がなく、起きてすぐ登園する場合もあります。「バナナと牛乳でもいいんですよ」など、かんたんに用意できる食事を具体的に伝えましょう。三食きちんと食べることが子どもの成長に大切だと、機会をみて話しましょう。

生活習慣・発達

4 食物アレルギーがあり、給食への不安が強い

エピソード 強い卵アレルギーをもつHくん。入園の際に入念な打ち合わせをしました。また、間違いのないように職員会議で何度も議題にあげ、担任以外の看護師や給食担当の職員も含めて対策をとっています。それでも保護者は心配が尽きないようで…。

保護者 命に関わるから不安

アレルギーは命に関わることなので、保護者の不安は簡単にはぬぐえません。安心してもらえる対応を心がけて。

アフターフォロー

保護者から声をかけられなくても、こちらから報告を

保護者はたとえ何も言わなくても、心の中では心配しています。こちらから積極的に、全職員で共通理解していることなどを話しましょう。気にかけていることが伝わると、保護者も話しやすくなり、安心できるのです。

生活習慣・発達 / アレルギー

「園の決まり通りにやってますが…？」

この言い方では、マニュアル通りに受け流されている気がしてしまいます。また、「担当は○○先生なので…」と言ってしまうと、相談したいのにたらい回しにされた印象を受けます。保護者は親としての不安を受け止めてもらえない悲しみを味わうことになるでしょう。

「園全体で責任をもって対応しています。ご安心ください」

園としては最大限の努力で取り組んでいるわけですから、保護者に安心してもらいましょう。アレルギーをもつ子が通園していることを園が不安に思っていると感じると、保護者は更に心配になります。笑顔で力強く話し、いつでも不安を受け止めてもらえるという安心感へとつなげましょう。

OK 徹底した管理を約束
アレルギー対応に園全体で一丸となって取り組んでいることを伝えると、保護者も安心できます。

Point 話しやすい雰囲気づくり
アレルギー対応は、毎日のこと。保護者の信頼にこたえ、お互いの情報を頻繁に交換できる雰囲気づくりが大切です。

こんなケースも　給食の違いを、他の子からからかわれるのでは…

どの子も楽しく食事ができるように配慮するのが基本です。同じものが食べられなくても、なるべく似た形状のアレルギー対応食を用意したいもの。クラス全体にアレルギーについて話をし、子どもみんなが笑顔で食卓を囲めるようにしましょう。

生活習慣・発達

5 好き嫌いが多く、食が細くて悩んでいる

エピソード　好き嫌いが多く野菜をほとんど食べられないNくん。給食でも食べられる量が極端に少なく、保護者からも「食が細いので心配」という相談が。とは言え、日によって少しは食べられているときもあり、何をどのように伝えてよいのかわかりません。

Point ⭐ 子どもの観察はしっかりと

お迎えのときなどの保護者からのちょっとした相談ごとには、日ごろの様子を伝えることがポイント。食事の相談をされた際、すぐにNくんの食事の様子を思い起こせるよう、日々の子どもの様子を記録しておきましょう。

保護者のキモチ

園でもきっと食べていないよね

家でほとんど野菜を食べたことがないんだから、園でも食べられるわけがないのでは。好き嫌いが多くて、こんなに食が細くては、ちゃんと成長できるのか心配。栄養が足りなくて病気になるかもしれないし…。園で何とかしてくれないかな。

生活習慣・発達 / 食が細い

「大丈夫です、Nくん、食べてましたよ！」

何の根拠もなく「大丈夫」「食べてました」と言われても、保護者は信じることができません。当たりさわりのないことを言うより、こちらがどのように援助したのか、Nくんはどんなときに食べられるのか、食事のときはどのような様子なのかを具体的に伝えましょう。

「かけっこをした後、○○をおいしそうに食べましたよ」

体を動かして、おなかが空いた状態で給食の時間を迎えたことが伝わります。また、給食の何をどのように食べたかも目に浮かぶように話しています。「お母さんも、おうちで野菜をおいしそうに食べるところを見せてあげるといいかもしれません」など、具体的にアドバイスできると◎。

保護者 日中の姿を知りたい

保護者は、家庭とは違う子どもの姿に驚きつつも、成長に喜びを感じるもの。嬉しい行動として具体的に伝えましょう。

OK 家庭での対応のアドバイスも

家庭でどのように対応するとよいかを、園での姿をもとにアドバイスすると、保護者も参考にできます。

振り返ってみよう　食事の様子を伝えていた？

「食べた、食べなかった」だけではなく、友達と楽しく食事をしている様子などを保護者に詳しく伝えていたか、思い返してみましょう。食事は栄養面だけでなく、心も満たすものです。日々の子どもの様子を家庭と共有し、次へとつなげましょう。

生活習慣・発達

もっとこまめに着替えさせてほしい！

エピソード

日中、元気に園庭で遊んだ日。お迎えの際、子どもの服が汚れていることに気付いた保護者から、「もっとこまめに着替えさせてほしい」と言われました。少し泥が付いている程度なので、どう返答すればよいか困ってしまいました。

保護者 こんな目にあって…

着替えがあるにもかかわらず、汚れた服のままで遊んでいるのは、わが子が気付いてもらえていない、放っておかれているのでは、という思いにかられます。

振り返ってみよう 着替えの目安は、共通している？

保育者間で、「どれくらい汚れたら着替えるか」の基準は一致しているか、確認する必要があります。保育者によって対応がバラバラでは、うちの子は放置されていると思われても仕方がありません。特に汚れやすい外遊びの後は、汚れ具合をきちんとチェックしましょう。

「そんなに汚れていないと思うんですけど…」

保護者の目から見て「汚れている、なぜ着替えないのか」と感じたのは事実ですから、それを否定してもこちらの基準が甘いと思われるだけです。なぜ今日は子どもの服が汚れているのか、そのことの意味や理由を、保護者がイメージしやすい言葉で具体的に伝えてみましょう。

「服が汚れても気にならないくらい元気に遊びましたよ！」

服が汚れているということは、子どもがそれだけ元気に活動したということです。様々な体験をする中で、子どもは学び、成長していくのです。汚れを気にしすぎると、子どもが活動に消極的になり、遊びが小さくなってしまう可能性もあることを伝えましょう。

生活習慣・発達　着替え

Point 遊ぶ情景が浮かぶように

どこでだれとどんなふうに遊んでいたのかを具体的に伝えられれば、汚れた理由も伝わって安心できます。

OK 服の汚れは勲章！

汚れ＝悪いこと、という保護者の観念を塗り替えましょう。遊びに夢中になっているからこそ汚れた、という事実を伝えます。

こんなケースも

着替えが多く、洗濯が大変だという意見には？

○○の遊びで汚れた、汗をかいた、トイレトレーニングを行ったところ…など、なぜ着替えをする必要があったのかを具体的に知らせます。また、「○○が終わったら」など一斉に着替えるルールがある園は、本当にその必要があるか吟味しましょう。

生活習慣・発達

7 育児書通りに成長しないと、不安を感じている

エピソード
Tくん（0歳児）の保護者は育児書を読み込んでいて、「〇か月になったのにまだ△△ができない」「コップでお茶を飲む練習は、コップにお茶を何センチ入れればいいんですか？」など、細かな部分にこだわります。もう少しゆったりと構えてほしいのですが…。

NG　あきれた顔や態度を見せる

保護者支援も保育者の仕事のうちです。どんなに細かな心配ごとにも耳を傾け、保護者が安心できる手立てを考えましょう。

育て方が悪いから、本の通りにならないの？

こんなに丁寧に育児書通りに育てているのに、なぜうちの子は、本に書いてあるように成長しないんだろう。何かの病気？　それとも私の見落としがある？　何かが間違っているに違いない。子育てに失敗は許されないのに、どうしよう…。

> 「お母さん、細かいこと気にしすぎですよ〜（笑）！」

「気にするな」と言われても、気になってしまうのが保護者です。また、育児書で勉強していること自体を否定されているような気分にもなります。細かいことに気付かず、子どもにも保護者にも細やかな気配りができない大ざっぱな人に保育者が務まるのか、と反感をもつ人もいるでしょう。

> 「よく勉強なさっているのですね。Tくんは幸せですね！」

愛するわが子のために、育児書をしっかり読んでいる保護者の姿勢をまずは認めましょう。そのうえで、発達には個人差があることを伝えます。飲み物をコップで飲むのが多少早くても遅くても、Tくんの人生は左右されません。それより、笑顔で見守られることの大切さを話しましょう。

生活習慣・発達 ━━ 心配性

Point 保護者を応援！
保育者はいつでも保護者の味方であり、いつだって応援しているという姿勢でいれば、信頼も得ることができます。

OK 会話の中にキーワードを
「子どもの発達には個人差がある」という言葉に保護者は安心できます。さり気なく会話の中に入れると good。

アフターフォロー

子どもの伸びる力を信じて、ゆったりと待つ喜びを伝える

保護者にとって、子どもの成長は楽しみであり、心配でもあるものです。とはいえ、保護者がいつも心配顔で側にいるより、笑顔でいるほうが子どもにとってよい影響があることを、さり気なく話しましょう。

生活習慣・発達

いつも忙しそうな保護者に子どもの成長を知らせたい

エピソード　2歳児のSくんの保護者は、いつも忙しそうに帰っていくので一言二言話すのがやっとです。それでも、一人でトイレができた、ボタンがかけられたという日々の成長を、保護者にうまく伝えたいのですが…。

保護者　また悪い話かな？

保護者にとって耳の痛い話題ばかりではなく、嬉しい報告、日中の楽しい1コマなど、楽しい話題を提供すれば、保護者も耳を貸してくれるようになります。

振り返ってみよう　普段から連絡帳を活用していた？

連絡帳は、園と家庭をつなぐコミュニケーションツールです。体温や食事内容だけでなく、子どもの成長を喜び合えるような記述を心がけたいものです。忙しい保護者にとっては、子どもの貴重な成長記録になるはず。園側から育ちがわかるエピソードを書いて知らせるなど、働きかけましょう。

生活習慣・発達 / 多忙な保護者

「聞いてください、今日こんなことがあって〜」と長話

忙しい保護者は常に時間に追われており、1分でも早く帰りたいと思っているのが本音です。それを引きとめようとすると無理が生じます。子どものよい面を伝えたいのに、保護者にイライラされては本末転倒。こちらの思いを押しつけようとしないことが大切です。

「Sくんの嬉しい姿を、連絡帳に書いておきました！」

わざわざ引きとめて話さなくても、日々の成長を伝える方法は他にもあります。ぜひ連絡帳を活用しましょう。書いたものは読み返すこともできるので、嬉しい報告は何度読んでも幸せな気持ちになれるでしょう。続けているうちに、保護者から声をかけてくれるかもしれません。

OK 読むようにお願いを
連絡帳に書いたことを伝えましょう。嬉しい話題であることも言い添えます。保護者の負担にならない言い方を心がけて。

Point 読みやすい文章で
嬉しい場面を保護者と共有できるように連絡帳はわかりやすい文章を心がけ、今後のコミュニケーションにつなげましょう。

こんなケースも　花を見つけたなど、小さな喜びを伝えたい！

子どもの言葉や表情、しぐさなどを具体的に書くとよいでしょう。見つけた花の色や前後のやり取りを記すと、読んだ際に子どもの様子が目に浮かびます。そのことで子どもの何が育ったのかもプラスして伝えられると、よりよいでしょう。

生活習慣・発達

9 夜、寝つけないのは昼寝のさせすぎでは⁉

エピソード　Aくんは午前中、眠そうにしていて、午睡は2時間きっちり眠るタイプです。しかし、保護者から「お昼寝させすぎじゃないですか⁉夜の寝かしつけが大変なのは園のせい」とクレームが。お昼寝させすぎ、と言われても…。

保護者 子育ての悩みに気付いて！

保護者は、子育ての悩みをいろいろな形で表現します。単純なクレームと思わず、何に困っているのかをキャッチしましょう。

振り返ってみよう　午前中の眠そうな様子を把握していた？

Aくんの午前中の活動が充実していなかったことに気付いていたか、手立てを考えられていたか思い返してみましょう。こちらから、その件について保護者に相談することもできたはずです。一人一人に目を配り、生活リズムを把握するように心がけましょう。

生活習慣・発達　睡眠

「そんなこと言ったって無理ですよ、園の決まりです」

保護者が困っていることを、相手の気持ちも理解せずに「決まり」を盾にシャットアウトしています。これでは保護者に不満が残って当然でしょう。保護者が何に困っているのかを的確にキャッチし、言い返すのではなく、まずはその思いに寄り添うようにしましょう。

「決まった時刻に灯りを消して添い寝してみてください」

午前中に眠そうにしているなら、Aくんは睡眠不足なのでしょう。Aくんの体は2時間の午睡を求めており、保護者の夜の寝かしつけが、うまくいっていないといえます。ですから、寝かしつけのコツを伝えるほうが、保護者にとっても子どもにとっても有益といえるでしょう。

OK 心に寄り添って
保護者の困っている気持ちに寄り添い、子どもにとって大切なことをしっかり伝えると、保護者も安心できます。

Point 解決策は明確に
どうすればAくんが早く寝られるのかを一緒に考えます。すぐに試せるように、具体的な方法を伝えましょう。

アフターフォロー

「その後、いかがですか？」と声をかける

その後のAくんの様子で生活の変化はわかっているとしても、こちらから声をかけることで、「先生は気にしてくれている」と、保護者は嬉しく感じるでしょう。早めに寝られていれば、共に喜ぶこともできます。

生活習慣・発達

10 子どもがのんびりタイプで、就学が不安

エピソード Kちゃん（5歳児）は、おっとり、ゆっくりしたタイプです。それも個性かと思いますが、保護者から「本当に4月から小学校でやっていけるのか不安で…」と相談を受けました。不安を解消するには、どう答えればよいでしょうか？

保護者 他の子と比べてしまう
友達とわが子を比べて、不安を抱く保護者は多いもの。保育者は子ども一人一人の成長をとらえ、喜ぶ姿勢を伝えましょう。

NG 適当な返事
軽いノリやその場しのぎの返事では「子どもをきちんと見てくれていないな」と思われても仕方ありません。

保護者のキモチ

これで小学校でやっていけるの？
やること一つ一つに時間がかかってしまう、うちの子。国語や算数などの勉強はもとより、体操服や水着への着替えが間に合わなかったり、みんなについていけずに困ったりするのでは…。今のままじゃ、とても無理…とにかく心配が尽きない。

「大丈夫ですよ、みんなそんな感じです！」

根拠のない、その場しのぎのセリフです。他人事だと思って、適当にかわしていると思われても仕方がありません。何をもって大丈夫と言っているのか…？　まずは、保護者の不安な気持ちを受け止めたいものです。どのような点が不安なのかなど、具体的に聞くとよいでしょう。

「Kちゃんのペースで、ちゃんと適応していきますよ」

先のことを心配しすぎるより、いま現在を充実させることに目が向くように導きたいものです。そのためには、Kちゃんの力を信じて見守るしかないのです。困っているときには力を貸す心づもりだけして、成長を楽しむ姿勢を伝えます。実際に成長を感じられたシーンを言い添えると◎。

生活習慣・発達　就学への不安

OK　園で成長している姿を伝えて
保護者の知らない、ちょっとした成長を感じたシーンを付け加えると安心感が生まれます。その子の育った面を伝えましょう。

アフターフォロー

やってみようとする気持ちがあれば、大丈夫！

困るのは、保護者の不安が伝わり、子どもが小学校を怖れることです。大変なところ、怖いところと感じてしまうと、現在の生活にも支障をきたします。入学が楽しみになるように、好奇心とやる気を大切に育みましょう。

生活習慣・発達

11 言葉が出るのが遅いのでは、という心配

エピソード 1歳児クラスで、月齢の低いYくんは発語がまだですが、保育者の言葉にはちゃんと反応しているので見守っています。しかし、よくおしゃべりする子を見かけたYくんの保護者から「うちの子はなぜ話せないのかしら、遅すぎですよね?」という相談を受けて…。

保護者 他の子と比べてしまう

発達には個人差がある、と頭では分かっていても、発達の早い子を見ると焦ってしまうのが保護者。おたよりなどで、この時期の発達について正確に伝えることも大切です。

振り返ってみよう 触れ合いの大切さを伝えた?

言葉が出る以前に、目と目が合う、ニコッと笑いかける、腕を引っ張って行きたい場所へ連れていくなど、人と関わろうとする力が育っていなければ、言葉は生まれません。そのようなコミュニケーションの大切さや、その子の今の段階を保護者にも伝えていきましょう。

「大丈夫です、心配ありません！」

何の根拠もなく「大丈夫」と言われても、その場限りのごまかしとしか感じられません。うちの子のことをちゃんと見てくれているのかしら、と不安にさえなります。発達に遅れはないのか心配になっている保護者の気持ちを受け止め、親身になって対応しましょう。

「Yくんは今、言葉を聞いて溜め込んでいる時期です」

言葉の発達には個人差があり、段階を踏んで発達していくことを保護者とも共通理解する必要があります。Yくんは話に反応して理解していることを伝え、この溜め込みの時期が大事だと話しましょう。必ず、たくさんの言葉があふれ出るときが訪れるので、楽しみにしましょう、と伝えると◎。

生活習慣・発達 ─ 発語の遅れ

OK 本人の今の段階を伝える
発語がまだであっても、大人の言葉を理解していることは大切な発達のしるしだと伝えましょう。

Point 発達を楽しみに待つ
子どもの可能性や発達を、共に手を取り合って楽しみに待つ、というよい関係を築いていきたいものです。

アフターフォロー

聞いて理解しているエピソードを伝える

保育者が「○○」と話しかけると、うなずいて「○○の本」を持ってきたなど、確かに言葉を理解しているとわかる事実を伝えます。家庭とは違う環境の中で見られた成長を、細やかに伝えるフォローは大切です。

生活習慣・発達

12 情緒面での発達の遅れに保護者が無関心

エピソード 4歳児クラスのSちゃんは、友達とうまく関われず、情緒面でも発達の遅れが見受けられます。しかし、保護者は「うちの子はのんびりタイプみたい」「私もそうだったから」と、発達の遅れに無関心。よりよい関わりのために、どう話せばよい？

保護者　本当はちょっと心配…

悩んでいる姿を他人に知られたくないため、無関心を装う人もいます。慎重に保護者の気持ちを推し量りましょう。

保護者のキモチ

まだ小さいんだから、そのうち何とかなる

友達とうまく関われないのは、この子の個性。そういう性格の子どもがいたっておかしくはないんじゃない？　この子のペースで成長していけばいいんだから。それに、何か問題があるとすれば、園が何らかの対応をしてくれるんでしょう？

生活習慣・発達 / 発達に無関心

「Sちゃんはこれもできないし、あれもできないんです」

これでは、「先生はうちの子の悪口を言っている」と受け取られてしまいます。そして、心の中で「そういうできないことをできるようにするのが園の保育者の仕事でしょ！」と、思うかもしれません。園や保育者に対して不信感が残るような言い方は避けるべきです。

「絵本を読んであげると、心が豊かになります」

子どもと接する時間を増やし、関心をもってもらうきっかけをつくりたいものです。例えば、絵本を読んであげることで、保護者も子どもに関心を向け、その時間を楽しむことができるでしょう。発達の遅れを強調する必要はありません。絵本の刺激は、Sちゃんの情緒を多いに育みます。

Point 家庭での関わりを探って

親子がどのように関わっているかを会話の中から探ります。関わりを深める提案も保護者支援の一つです。

OK 現状を否定しない

「ますますよくなる」という言い方をすれば、「今できない」ことが強調されません。マイナス表現は避けましょう。

振り返ってみよう　子育ての楽しさを伝えている？

育児におおらかな姿勢は、子どもにとってよい場合もありますが、子どもの変化に気が付かずよくない場合もあります。発達の遅れに無関心ということは、日々の小さな成長にも気付いていないということ。子どもの日中の姿をわかりやすく伝え、関わりを深められるような提案をすることも必要です。

生活習慣・発達

13 発達障害の可能性をどう伝えればよいか

エピソード 3歳児のSくんは集団生活の中で気になる面があり、自分なりに調べたり主任や先輩保育者にも見てもらったところ発達障害の傾向があることが分かりました。保護者には専門機関に相談するよう伝えたいのですが、うまく伝えるには？

Point 判断は専門家に任せて

発達障害の診断は、医療機関でしか行えません。園では疑いがあることを保護者に伝え、専門家につなぐことに尽力します。

保護者 個人的に話してほしい

こういったデリケートな内容は他の保護者に聞こえないよう、個人面談などで丁寧に伝えます。

保護者のキモチ

初めはショックだったけど…

先生から話を聞いたときは、そんなにみんなと違うんだと知ってショックだったけど、先生が専門家に相談すると子どものためにいいと教えてくれたので、少し安心した。先生も一緒に話を聞いてくれるっていうし、落ち着いて家族とも相談してみよう。

生活習慣・発達

発達障害

「Sくん、たぶん発達障害だと思うんです」

保育者が発達障害の診断をすることはできません。また、この言い方では保護者は大きなショックを受けてしまいます。保護者によっては「うちの子のどこに障害があるんですか！」とけんか腰になる可能性も。すでに疑いをもち始めていた保護者でも、受け入れがたい言い方です。

「Sくんの発達をサポートしてくれる先生がいます」

発達障害の可能性がある子どもの子育てでは、保護者が育てにくさを感じていることも多く、相談できずにいるケースも。それを少しでもよい方向に導いてくれる専門家の存在を知らせましょう。関わり方を変えたり、心地よい状況をつくったりすることで、Sくんの毎日がよりよくなります。

一緒だと安心
専門家に取りつぐ際、保育者も一緒に話を聞きたいと申し出れば、保護者も安心。共に歩む姿勢を見せましょう。

アフターフォロー

専門家の指導に沿って援助している過程を情報交換

よい姿ばかりでなく、Sくんの気分の波なども含め、園での様子と保育者の配慮を丁寧に伝えましょう。必ずよい方向に伸びていくことをお互いに信じ、小さな成長を喜び合う関係を大切にしたいものです。

園生活

14 毎朝、登園時刻に遅れてくる

エピソード
遅刻の多い3歳児のNくん。保護者は「遅れてすいません」と言いつつ、毎朝、毎朝…。遅刻している意識はあるようですが、なかなか改善しません。活動の予定もあるので、登園時刻は守ってほしいのですが…。

Point 明るい笑顔を心がけて
毎日遅れてくることに気付いても、朝の第一声は明るく、元気に。特に、子どもへの笑顔は忘れないで。

OK 責める態度はとらない
遅れてくることをなじったり、過度に理由を聞いたりするのはNG。時刻を守ると、子どもによい影響があることを知らせます。

保護者のキモチ

少しぐらい遅れても、いいよね
朝はすることがたくさんあって忙しいんだから、少しくらい遅くなってもかまわないよね。うちの子が活動に間に合わなくても、迷惑かけてるわけじゃないんだし。これ以上子どもを急かすのは逆にかわいそう。それに私だってほんとに大変なんだから！

「今日も遅れちゃいましたね」「またですか」

これは、相手を責めている言葉です。相手も言われることを予想しているとはいえ、気持ちのよいものではありません。この言葉を発している自分の顔を想像してみてください。ひんやりとした、冷たい表情をしているはずです。相手に対し、あきらめ感が漂う雰囲気を出してはいけません。

「登園時刻に間に合うと、いいことがありますよ！」

なぜ遅刻しないほうがよいのかを、具体的に伝えましょう。Nくんの好きな遊びを十分に楽しむことができる、人気のある遊具を使うことができる、など。後ろめたい気持ちなしに登園できることが、子どもの園生活の滑り出しをスムーズにし、1日を充実させられるのです。

園生活 / 遅刻

Point 間に合ったことを共に喜んで

いつもより早く来られたときは共に喜び、継続して来られるように支援します。また、「時間通りに来て子どもにとってよかったこと」を共有するとよいでしょう。

アフターフォロー

遅れず登園したことで得られたよい影響を話す

活動のスタートに間に合うことのよさを話しましょう。「今までは、でき上がった遊びに途中から入るため消極的な感じでしたが、今日ははじめから参加できたので自分の考えを友達に伝えることができましたよ」というように伝えます。

園生活

15 クッキングや製作活動など特別な日に忘れ物をする

エピソード
年4回のクッキングのエプロンや、月に一度の製作の材料など、"ここ！"という大事なときに忘れ物をするTちゃんの保護者。忘れてほしくないものに限って忘れてしまう場合、どのように働きかければよいでしょうか？

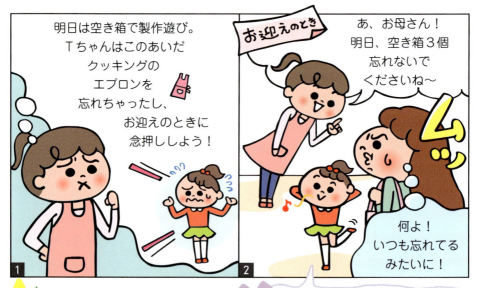

Point 持ち物の依頼は段階を踏んで

忘れ物をしがちな家庭への配慮は、段階を踏むことがポイント。前の週、3日前、前日、と何回か声をかけるようにします。

NG マイナス印象の声かけ

「忘れないで」ではなく、「持ってきてください」という前向きな言葉にするだけでも、言われたほうの印象は変わります。

振り返ってみよう　わかりやすく知らせていた？

忘れられるということは、記憶に残らない伝え方をしたということです。おたよりの見出しを工夫したり、イラストを入れたりと、伝わりやすい紙面にしましょう。また、前日にはクラス前のホワイトボードなどで告知するのもよいでしょう。

「明日、空き箱を3個、忘れないでくださいね！」

こう言われると、明日忘れてくることを予想されていると感じ、嫌な気持ちになります。たとえ忘れていたとしても、教えてもらえたことを素直に喜べず、「わかっているわよ」という気持ちになってしまい、肝心の持ち物については忘れてしまいがちです。

「明日、とびきり楽しい活動があるんですよ！」

もちろん、事前におたよりなどで知らせているはずですが、前日にもう一度、個別に声をかけましょう。そして、子どもがとても楽しみにしていることも伝えます。それでも忘れそうな保護者には、「空き箱3個」と付せんに書き、連絡帳に貼るなどの工夫も必要です。

園生活 / 忘れ物

"食いつき"のよい話しかけを
「明日は製作の日です」と言うよりも、「とびきり楽しい活動があります」と言うほうが、保護者の興味を引くことができて◎。

こんなケースも

タオルや着替えなど、毎日の持ち物を忘れる

毎日の持ち物の数も、けっこう多いものです。後で入れようと思っていて忘れてしまうこともあります。冷蔵庫などに貼れるサイズの「持ち物チェックリスト」をつくって配布するのも一案。毎日の持ち物チェックを習慣にしてもらうとよいでしょう。

園生活

16 預けた後も、子どもが気になって園を離れない

エピソード Kちゃん（2歳児）の保護者は、毎朝Kちゃんを預けた後も窓から保育室をのぞいたり、園庭で遊ぶKちゃんを門からじっと見つめたりしています。わが子が心配な気持ちはわかりますが、保護者がまだ園にいることに気付くとKちゃんが泣いてしまうのです…。

保護者 園での様子がわからない

保護者が自分の目でわが子の様子を確かめたくなるということは、保育者からの情報提供が十分でない可能性があります。

NG マイナスなことを思う

たとえ心の中でも保護者に対して「迷惑」と思うのはNG。その後の関係に響く可能性があります。

振り返ってみよう　子どもの遊ぶ姿を具体的に伝えている？

保護者には、自分がいないところで子どもはどんな様子なのか見たいという欲求があります。しかし、自分の目で見られなくても、保育者が詳しく知らせてくれれば、保護者は満足します。更に、わが子がいつも温かい目で見られていることに安心するでしょう。

「お母さんが帰ってくれないと、Kちゃんが混乱しちゃいます」

この言い方では、「お母さんがここにいることは迷惑だ」と明言していることになります。確かにそうなのですが、これでは保護者の気分は害されるばかりで、気持ちよく帰ることができません。余計な一言で、保護者は嫌な気持ちになり、Kちゃんも混乱して更に泣いてしまうかもしれません。

「ご心配ですよね、でもKちゃんは大丈夫ですよ！」

まず、保護者のわが子のことが心配で仕方がないという気持ちを丸ごと受け止めましょう。それだけでも、保護者はわかってもらえたと思い、嬉しくなるはずです。そのうえで、Kちゃんは保護者が園を離れてからも元気に楽しく遊んでいることを伝え、安心してもらいます。

園生活 / 心配性

Point 子どもの細かいエピソードも加えて

日中の子どもの様子を詳細に伝えると、保護者は安心します。そのためには、日ごろから一人一人の子どもの様子をしっかりと観察し、つぶやきなどはメモに残しておくとよいでしょう。

アフターフォロー

遊びの様子を写真に残し掲示板に貼り出しても

ときには、日中の遊びや散歩の様子を撮影し、その日の活動報告として掲示板に写真を貼り出すのも一案。保護者が掲示板を見ている際に、「このときにこんなことが…」とその子の様子を伝えれば、より安心できます。

園生活

17 連絡帳に何も書いてこない

エピソード
Mくん（0歳児）の保護者は、毎日の連絡帳に体温の他は何も書いてきません。こちらからは日中の様子や排便、食事の記録などを知らせていますが、返事はなし。情報共有やコミュニケーションを図るため、何かしら書いてほしいのですが…。

Point 園からの発信は必ず！
自分からは書かなくても、読むことを楽しみにしている保護者は多いもの。こちらからの情報発信は必ずしましょう。

NG 気持ちを損ねる言い方
保護者に依頼するときは、気持ちを損ねず、信頼関係を構築できるような言い方が求められます。

保護者のキモチ

別に特別なことは何もないし…
いつも慌ただしいし、ミルクを飲んでおむつを替えて、泣いて寝ているだけの生活だから、これといって書くことがないんだよね。時間がないし面倒くさいし、書くのも苦手だし。なんでそんなことを要求されなくてはいけないのか、理解に苦しむよ！

連絡帳を書かない

「何でもいいから、書いてください」

とにかく書け、と強要されているように感じてしまいます。「何でもいいから」と言われると、一体何を書いてよいのか困ってしまう人も多いのです。具体的に、「お子さんの遊び方でおもしろかったことや困ったことなど」と書くテーマについて話してみると保護者も書きやすくなるでしょう。

「『あ！』と思った一場面を教えてもらえたら嬉しいです」

義務だから書いてください、と言うのではなく、保育者として私が嬉しい、ということを前面に出します。そうすれば、書いたことに対して教えてもらえて嬉しかった、「ありがとうございます」につながります。書いてもらったら必ず返事を書き、子どもの成長を共に喜ぶ姿勢を見せましょう。

少しずつ前進して

書くことが苦手な保護者には、一言でも一行でもよいということを強調し、難しいことを求めないようにします。

アフターフォロー

少しでも書いたことを情報の共有につなげる

連絡帳は、保育者と保護者の間でキャッチボールのようにやりとりすることで成立するコミュニケーションツール。保護者が返事をしたくなるような連絡帳を書き、お互いの情報共有につなげていくようにしましょう。

園生活

18 園からのおたよりや掲示物を全く見ていない

エピソード
今月の予定や行事については、すべておたよりや掲示物で伝えているのですが、「読んでない」「ほんとに書いてあった？」と、全く見ていないＲちゃんの保護者。忙しくても最低限、おたよりくらいは読んでほしいのですが…。

NG 余計な一言
「読んでないんですか？」という余計な一言は、保護者の気分を損ねます。保護者対応はいつでも相手の気持ちに配慮して。

保護者のキモチ

毎号同じでつまらなく読む気にならない

入園したころは読んでいたけど、当たり前のことや決まりきった季節のあいさつばかりで…。文字が多くて読みづらいし、毎回同じような注意事項だらけ。サッと見てわかるようにつくってほしい。こっちは忙しくて時間がないんだから…。

「おたよりに書きました、ちゃんと読んでください！」

これはおたよりを読んでいないことを責める言い方です。忙しい保護者はおたよりをほとんど読んでいないものだ、と心得たほうがよいでしょう。大切なところにはアンダーラインを引く、イラストを使って囲みにするなど、パッと見て伝わるような紙面の工夫を心がけましょう。

「今回のおたよりに、おもしろい記事を載せました」

読んでもらえないということは、おたより自体に魅力がないのかもしれません。もう一度紙面を見直し、保護者が「読んでみたらおもしろかった！」と思えるような内容にしていきましょう。Ｒちゃんのかわいいエピソードを載せ、「これはＲちゃんのことです」と耳打ちするのも一案です。

園生活 / おたよりを読まない

OK 渡すときに一工夫
おたよりを渡すときに、読んでもらえるような一言を付け加えることがポイント。後日ではあまり効果がありません。

Point 読んでもらえる構成に
おたよりは、行事の予定などの伝えるべき情報だけではなく、楽しく読んでもらえるような内容を心がけましょう。

振り返ってみよう　読みたくなる紙面になっている？

おたよりは、パッと見てどこに何が書いてあるかわかるよう、見出しや囲みを工夫しましょう。キーワードには下線を引くなど、目に留まるようにします。イラストや吹き出し、図を使うことで、理解しやすくなる場合もあります。他の保育者のおたよりも読んで、参考にしましょう。

園生活

19 叱られながら登園するため、泣いて活動に入れない

エピソード　毎朝、子どもを叱りながら登園するSくん（4歳児）の保護者。怒られながら来るので、Sくんは泣きじゃくり、気分もナーバスで活動にも友達の輪にもスムーズに入れません。子どもに厳しすぎると思うのですが…。

Point　怒りが強すぎたら間に入って

怒鳴り方がひどかったり手を出したりという場合は、見過ごさずに間に入って子どもを保護者から離します。

振り返ってみよう　その子の特徴だととらえていたのでは？

朝クヨクヨしているのは、「Sくんはそういう子だからだ」と思っていませんでしたか？　朝のその子の重たい気持ちに寄り添い、なぜそうなるのか理由を考えたことはあったでしょうか？　子どもの行動や感情の理由を探り、安心できるよう働きかけをしましょう。

「叱りながら来ないでください」「どうして毎朝怒ってるんですか」

この保護者は、毎朝叱る言葉が口ぐせになっているのでしょう。保護者もそれがよいこととは思っていないものの、どうにもならない状態に陥っているのかもしれません。それを頭から全面否定されてしまっては、保護者は救われません。保育者には言葉を選んで伝える冷静さが求められます。

「好きな歌を一緒に歌いながら来てみては？」

「してはいけない」ではなく、「○○しよう」と好ましい行動を示します。ついつい叱ってしまうなら、子どもと一緒に歌うことを勧めるのもよいでしょう。歌っているうちに、保護者も楽しい気分になり、子どもも笑顔になれるでしょう。朝の登園時の気分は、その日1日の調子につながります。

園生活　登園時に叱る

保護者　私だって怒りたくない！
怒鳴る保護者＝悪、と決めつけずに、何に困っているかを会話の中から見付けて気持ちに寄り添うことが大切です。

親子でできることを提案
朝の登園を気持ちよくするためには、親子それぞれに気持ちの切り替えが求められます。一緒に楽しめることを提案しましょう。

アフターフォロー

親子が笑顔で登園できたことを共に喜ぶ

「今日の歌は、何でしたか？」などとにこやかに話しかけ、「笑顔で登園できてよかったですね」と一緒に喜びましょう。「新しい手遊びをしたので、登園時にSくんに教えてもらってください」など新しい提案をするのも◎。

園生活

20 登園したがらず、毎朝大泣きして困っている

エピソード
Tくん（3歳児）が、毎日のように登園拒否をして困っていると保護者から相談されました。「行きたくない」「絶対に行かない！」と断固拒否しているそうで、保護者も動揺しています。毎朝、園の門の前で大泣きしているのですが、どう対応するべきでしょうか。

Point 相談される前に働きかける

登園時の子どもの様子から、園に拒否感があることが推測されるはず。保護者からの相談を待つのではなく、こちらから積極的に対応できるようにしましょう。

この子のわがまま？　それとも園が悪い？

なぜこんなに園に行きたがらないのだろう…？　そんなに園が嫌なところなのかな。でも他の子は楽しそうに通ってるし。この子のわがまま？　優しく言い聞かせても、叱っても、全力で拒否するし…。もう、どうしたらいいのか…。

「園に慣れるまでは、仕方ないですよ」

園に慣れるまでは子どもは泣くもの、と決めてかかっています。諦めている姿勢とも取れるでしょう。疲れ果てている保護者にとっては、相談しても無駄なのか、とがっかりしてしまう言い方です。保育者としては、少しでも早く園を好きになってもらえるように、努力する必要があります。

「私を好きになってもらえるよう、全力で受け入れます！」

登園したくないのは、その子にとって園や保育室が居場所と感じられず、好きな保育者がいないからです。自分がTくんにとっての居場所になれるように努力をするという決意を表明しましょう。「Tくんが大好き」「待っていたよ」と、笑顔で受け入れることを毎朝続けましょう。

園生活　登園拒否

信頼関係を築く努力を
「好きなんです」「全力で受け入れます」という言葉は、自分を信じてもらってこそ言えるもの。保護者から信頼されるよう、日ごろからの関係を大切にしましょう。

アフターフォロー

「ママと先生は仲よしなんだ」と思えば安心！

保護者に、Tくんの好きなものや気に入っている遊びを聞き、Tくんが興味をもてそうな遊びに誘いましょう。また、保護者と保育者が親しく話すところを見せることも、子どもにとって安心材料となります。親子共に、全力で援助しましょう。

園生活

21 家庭の都合で気軽に休むため、行事の練習が滞る

エピソード 家族で遊びや旅行に出かけることが多いTちゃんは、気軽に園を休みます。そのため運動会や音楽会の練習がうまく進まず、一緒に組む子が困ることも。できるだけ出席してほしいことをうまく伝えるには…？

保護者 休んだって平気だよね!?

行事の当日だけ休まなければよい、と考える保護者もいます。日ごろから行事のねらいや取り組みの経過を丁寧に伝えていきましょう。

保護者のキモチ

家族で過ごすことが一番！

子どもが小さいうちは、できるだけ家族でいろいろ楽しい時間を過ごすほうが大事。小学校のように義務教育でもないんだし…。せっかく仕事を休めたのだから、園にとやかく言われるのは大きなお世話！1日くらい休んだっていいでしょ。

「すぐに休まないでください、みんな困っています」

これはTちゃんのために言っている言葉ではありません。周りの子ども、そして保育者自身のための言葉です。「あなたが休むと迷惑する人が出る」と知らせる、一種の脅しともいえるもの。これでは、相手の心は動かないうえ、嫌な気分になってしまう可能性もあります。

「Tちゃんが、○○会に向けて意欲的に取り組んでいます！」

周りの子どもではなく、Tちゃん本人のための言葉をかけることがポイントです。運動会や音楽会は、当日さえ出席すればよいというものではなく、その行事に向けての取り組みの中に育ちがあります。みんなで力を合わせている姿や、自信の芽生えなども伝えていきましょう。

園生活　気軽に休む

Point 考え方はいろいろ
各家庭にはいろいろな考え方があります。家族で過ごす時間を大切にしたいという思いを否定する言い方は控えましょう。

OK 成長の過程を知らせて
取り組みの様子や、今乗り越えようとしていることを伝え、行事を迎えるためには家庭の協力も不可欠であることを伝えます。

振り返ってみよう　行事のねらいを伝えていた？

園は、子どもを預かるだけの施設ではなく、計画に基づいて子どもを育てる場です。一つ一つの行事には、子どもの発達に必要な経験が盛り込まれています。行事も結果だけではなく、その過程に育ちがあるのです。そのねらいと、子どもの取り組んでいる姿を、喜びと共に伝えていきましょう。

園生活

22 子どもの体調が悪いのに、園へ連れてくる

エピソード
登園時の健康観察でTくんの顔色が悪かったので、園の体温計で計ると37.8度の熱がありました。保護者に休めないか聞くと、仕事が忙しく、休みづらい様子…。休みにくいという保護者の気持ちもわかりますが、どう対応すれば…。

Point 体調の変化に気付く

集団生活の中で、体調の悪い子への対応は重要です。預かることができない場合、保護者のために何ができるか事前に考えておく必要があります。

保護者のキモチ

子どもと仕事の板挟み…

熱があるなんて、全然気付かなかった。今日は大切な会議があるけれど、子どものためだもの、休まなきゃ…。だけど、また上司に嫌味を言われちゃうかもなあ。またこんなことがあったら困る。とはいえ子どものことだし…なんとかならないかな。

「Tくんがかわいそうじゃないですか！」

このようなケースでは、保護者は一番かわいそうなのは自分だと思っています。仕事と子どもの板挟みになり、保育者からは子どもを盾にして叱られる…。つらそうな子どもを前に気まずいのはもちろん、園のルールを武器に正論で責められてしまうとこのうえなく嫌な気分でしょう。

「病児保育施設をご紹介しますね」

つらい思いをしている保護者の心情を理解し、今後利用できそうな病児保育の施設を紹介しましょう。できることなら、年度当初に一覧を配布して、もしものときの備えにしてもらうとよいでしょう。保護者支援の一環でもあり、子どもの体を守るための対策でもあります。

園生活 / 体調不良時の登園

OK 保護者支援の立場に立って
「お熱がある子は預かれません」と突き放すのではなく、保護者の立場になってできることを考えましょう。

アフターフォロー

休めない日を想定して情報提供を

子どもの体調がよくなくても、保護者が仕事を休めない日があることは想定できます。万が一に備えて、病児保育施設や病児保育のシッターなど、その地域で利用できるサービスの情報を提供しておきましょう。

園生活

23 祖父母が送り迎えをしていて、両親に連絡が伝わらない

エピソード
Fちゃんの登園・降園は近居している祖父母が担当しています。タオルへの記名や持ち物のお願いなど、日々の細かな連絡事項が両親にきちんと伝わらず困ることも多いのですが、どう対応すればよいでしょうか。

保護者　送り迎えしているだけ！
子どもに複数の大人が関わっている場合、家族間で伝達がうまくいっていないケースもあります。

振り返ってみよう　祖父母に話せば大丈夫と思っていたのでは？
送り迎えの人に伝えれば、それで任務を果たしたように思いがちですが、両親に伝わっているかどうかを確認する必要があります。両親にしても、祖父母に遠慮があって詳しく聞けないという事情があるかもしれません。どちらかだけではなく、双方とやり取りするコミュニケーションを大切にしましょう。

「ちゃんと伝えてくれないと困ります！」

祖父母も孫のために精一杯、努力しているわけですから、非難するような物言いは避けるべきです。自分は持ち物をちゃんと伝えたのに、という自己弁護の雰囲気も漂っています。その子を取り巻く生活環境を把握し、保育者としてできるアプローチを考えましょう。

「ご両親に連絡帳を見てもらってくださいね」

両親に確実に伝えたい場合は、連絡帳に書いて読んでもらうような工夫が必要です。それでも伝わらない場合は、電話で連絡しましょう。保育者が伝える努力をしてくれるのは、両親にとっても嬉しいことでしょう。いずれにしても、祖父母とのコミュニケーションも大切にします。

園生活　連絡が伝わらない

OK　複数の方法でアプローチ
連絡帳と電話など複数の方法でアプローチすると、情報がきちんと伝わるのでおすすめです。

Point　頼みごとはわかりやすく
連絡帳に付せんを付けるなどし、注意を引いて必ず読んでもらえるようにします。丁寧な印象をもたれるようにしましょう。

こんなケースも　バス通園の保護者とのコミュニケーション

なかなか会うことができませんから、通常は連絡帳とおたよりでやり取りします。緊急時や心配ごとの相談は電話で綿密に話をしましょう。また、デリケートな問題の場合は日時を決めて来園してもらい、対面して直接話し合います。

園生活

24 他の子のヘアスタイルや持ち物に口出しをする

エピソード
「あんな髪飾り、いいのかしら？」「キャラクターもののグッズをうちの子がうらやましがり欲しがって困るから、園で禁止してください」と、他の子のことに何かと口出しする保護者がいます。どう対応すればよいか困っています。

保護者 自分の価値観がすべて！

保護者の中には視野が狭まり、自分の価値観こそが正しいと主張する人もいます。いろいろな価値観、考え方、好みの人がいるのが集団生活のよさでもあります。お互いに理解し合う姿勢を大切にしたいものです。

振り返ってみよう エスカレートしていない？

持ち物で周りの子と張り合うなど、子どもたちの中で次第にエスカレートしていないか、状況を見定める必要があります。人に流されずに、自分の価値観を形成するチャンス。一人一人の思いを受け止め、折り合いをつけられるよう援助しましょう。

「今、流行ってるし、別にいいんじゃないですか？」

この言い方では「流行っているものならばよい」という判断をしていることになります。流行っていないものはダメなのでしょうか？　また、投げやりな印象も残る言い方です。その保護者が何をどのような理由で困ると感じているのか、しっかりと聞いて受け止めましょう。

「それぞれの好みで楽しむのは自然なことです」

園のルールが守られているか、また安全面は確保されているのか、ということを押さえたうえで、それぞれが好みの中で楽しむ姿も自然であることを伝えましょう。いろいろな価値観の保護者がいることを踏まえ、お互いを責めずに認め合える雰囲気をつくりたいものです。

園生活　他の子への不満

OK 同意はしない
「そうですよね」「わかります」というあいまいな返事では「先生は同意してくれた」ととらえられます。毅然とした対応を心がけて。

Point 否定しない
保護者の考えを全否定しない言い方で、子どものためにどういう考え方ができるかを提示します。

アフターフォロー

園生活に不適切なら子どもたちと話し合おう

もし、髪飾りやキャラクターものが活動の邪魔になったり、友達関係に悪い影響があったりするなら、クラスで話し合いましょう。人の気持ちを考え、買うのではなく自作するなど、主体的に生活を楽しむ喜びを伝えます。

園生活

25 行事の写真販売で、わが子が全く写っていない

行事の写真を販売のために貼り出したところ、「うちの子が全然写ってない」と指摘されました。業者のカメラマンにはまんべんなく撮ってと伝えましたが、言われてみれば確かに写っていません。どう対応すればよいでしょうか。

NG 気付くのが遅い

写真に写っていない子がいたことも問題ですが、保護者に指摘されてから気付くのでは遅すぎます。対応が後手にならない対策を取りましょう。

保護者のキモチ

うちの子はいないも同然なんだな…

運動会、あんなにがんばって参加していたのに、うちの子の写真を見ることも買うこともできないなんて大ショック…。しかも、うちの子の写真がないことに担任の先生が気付いてもいなかったなんて。わが子もかわいそうだし、私も悲しい…。

（全員を平等に撮るのはそもそも無理…）

自分のせいではないからと謝罪しないのは、保育者として誠実な態度とは言えません。また、業者のカメラマンのせいにするのも違います。わが子が写っていなかった保護者の気持ちに寄り添ってもいません。このままでは信頼関係が築けないことを、肝に銘じましょう。

「申し訳ありませんでした。次回は気を付けて撮ります」

このケースは明らかに保育者側のミスです。自分の子どもが1枚も写っていなかった保護者の悲しみを受け止め、心からのお詫びを伝えましょう。そして、二度とこのようなことがないよう、次回からは全員が写っているかをチェックしてから貼り出す配慮が必要です。

園生活 / 写真販売

園長・主任と謝罪を

このケースでは誠実な謝罪をするほかありません。担任だけではなく、園長や主任と共に心から謝罪しましょう。

アフターフォロー

次の行事では必ず確認し保護者に声をかける

業者のカメラマンにこのことを伝え、次回は全員をもれなく撮ってもらうように念押しします。貼り出す前にもしっかり確認し、保護者に「この場面とこの場面で写っています」と話しましょう。次回以降で、誠意を示すことが望まれます。

26 園の活動内容に意見や不満がある

エピソード　「うちの園って文字教育の時間が少ないですよね？」「英語の勉強はしないのですか？」「運動専門の先生は呼ばないの？」など、保育内容についての意見や不満を度々もらしてくる保護者。担任としてはどう答えればよいのか…？

保護者 よりよい保育のために！

子どもがもっとよい保育を受けるためには、親も積極的に情報を集め、園に知らせるべきと思っています。

振り返ってみよう　日常的に自園のよさを伝えている？

このような発言をされるのは、自園の取り組みが理解されていないからです。保護者は目に見える結果に流されやすいもの。なかなか目に見えにくい心の育ちは、エピソードや活動の写真などでわかるように知らせましょう。ただし、保育者自身が自園ならではの保育を実践していることが、大前提です。

園生活　保育内容への不満

「うちの園の内容に納得して入園されたんですよね?」

保護者から園に対して要望をいただけるというのは、ありがたいことです。よりよい保育を求めるのは、保護者として当然です。とはいえ、限りある保育時間内で、あれもこれもと盛り込むことは不可能です。自園は何に力点を置いて保育をしているのかをしっかり伝えましょう。

「本園は〇〇〇〇に力を入れています」

このような場合は、チャンスととらえ自園の保育のよさをアピールしましょう。園で目標に掲げていることや取り組んでいることを、わかりやすく伝えるのです。他園にはない魅力を語り、この園に入ってよかった、ここもよい保育をしているんだと思ってもらえるように話しましょう。

OK 自園の特色は明確に
普段から、園の目標に沿って保育をしていれば、ちゅうちょせずに自園の魅力を話せるはず。保護者にもわかりやすく伝えましょう。

Point その子への影響を話しても
他園にはない工夫や、よい特色が子どもの育ちにつながっている様子や子どもの成長の姿も伝えます。

こんなケースも　パート職員の保育について心配する保護者

保育者の力量は、働き方とは関係ありません。本来、正職員もパート職員も、子どもを保育する保育者であることに変わりはないのです。厳しい意見が出たことを園長に報告し、すべての職員のスキルアップにつなげましょう。

園生活

27 お迎え時、立ち話に夢中でなかなか帰らない

エピソード お迎えの際、園庭で子どもを遊ばせたまま立ち話に夢中な保護者が多くて…。目を離した隙に、子どものけがが多いのも気がかりです。何度も「帰ってください」「子どもを見ていてください」とは伝えていますが、一向に改善される気配はありません。

保護者 まだいてもいいでしょ？

"ママ友"との情報交換に夢中で、園が開いているうちは園にいる権利があると思っています。子どもは友達と楽しんでいるから大丈夫、という思いもあります。

保護者のキモチ

子どものための情報交換だもの！

友達のお母さんと情報を交換することは、子ども同士が仲よくなるためにも、園生活をスムーズに送るためにも大事なこと。子どもたちだって、まだ遊び足りていないから、あんなに遊んでいるんだし。場を提供してくれたって、いいでしょ。

「帰ってください」

「帰ってください」というセリフを何度くり返しても、保護者には馬耳東風です。言うことは聞かないのに、「何度も言ってきてうるさい」と思われているかもしれません。せっかく園で楽しい一日を過ごした子どもが、降園時に嫌な気持ちにならないように、対策を考えましょう。

「〇時〇分に、門を閉めます！」

保護者同士の情報交換も大切ですが、子どもの安全には代えられません。実際、保護者がおしゃべりに夢中になっているときの子ども同士のトラブルや飛び出し、けがの発生は多くの園で問題になっているのです。門を閉める時刻を明確にし、「お時間になりました。さようなら、また明日〜」と笑顔で送り出しましょう。

園生活　なかなか帰らない

時刻を明確に伝える

「もうすぐ閉めます」「そろそろ…」では×。「〇時〇分までです」と切り出すと、保護者も「帰らなければ」と思います。

Point 明るい笑顔で送り出して

追いたてられて園を後にするのでは、保護者にも子どもにも嫌な気分が残ります。あくまでも笑顔で明るく送り出しましょう。

振り返ってみよう　年度始めにルールを伝えた？

年度始めに降園時刻の厳守について、伝えていたでしょうか？　掲示物やおたよりでもたびたび知らせるなど、アピールが必要です。けがの多発や、近隣からの苦情など、子どもや園にとっても困ることが多いという事実を加えて話しましょう。

園生活

28 子どもが園の物を壊したことを耳に入れたい

エピソード
Sくん（5歳児）がタオルかけにいたずら心でぶら下がり、壊してしまいました。話してみると本人はわざとやったわけではありませんでしたが、先を考えない行動を反省させました。保護者にも起こった事実を伝えたほうがよい？

NG 弁償のことを考える
園の設備や物品を壊した場合、弁償してもらうかどうかは問題ではありません。起こった事実と本人の気付きを、園と家庭で共有することが大切です。

振り返ってみよう　子どもは思わぬ行動をするものと心得ていた？

子どもは思いもよらない行動をするものだ、ということを常に頭に入れていたでしょうか？　「○○してはいけない」「○○はダメよ」と禁止事項を増やすのではなく、正しい使い方を日ごろから伝え、物を大切に扱う心を育てたいものです。

園生活 — 物を壊した報告

（嫌な顔をされたら面倒だし、言わないままでおこうかな）

保育者はときとして、子どものよい面ばかりでなく、困った面を保護者に伝えなければならない場合もあります。「余計なことは知らせずにおこう」という事なかれ主義では、子どもは育たないのです。壊した事実だけでなく、次の発達への課題を園と家庭で共通理解することが必要なのです。

「今日こんなことがありました」

あった事実を話し、園でどのような対応をしたかを伝えましょう。壊れたことは仕方ないけれど、先を考えないで行動したことを家庭でも話し合ってほしいこと、また、本人には悪気はなくきちんと謝ることができたことも付け加えましょう。保護者にも知ってもらうことが重要です。

Point 直接話して誤解を防ぐ
困った出来事は、できるだけ対面して話し、誤解のないようにしたいもの。他の保護者の目のない場所で伝える配慮を。

OK 家庭でも話すことの重要性
園で謝って終わりではなく、どのように行動すべきだったかを、家庭でも叱らずに話し合ってもらいましょう。

保護者のキモチ

どんな姿でも教えてほしい

園の大切な物を壊したなんて申し訳ないし、親としては知っておきたいから、先生から知らせてもらってよかった。子どもには考えて行動できる人になってほしい。物を大切にすることについて家でも落ち着いて話せたし、いい機会になったかも。

子ども対応

29 友達と仲よく遊べているか、過剰な心配をする

エピソード お迎えの際に、「今日はうちの子、だれと遊んでましたか？」「そのとき、相手の子は？」と、日中の子どもと友達の様子を事細かに聞いてくるSちゃん（4歳児）の保護者。連絡帳でもある程度のことは伝えていますが、心配が尽きないよう。どう話せばよい？

NG 困った顔をする
保育者一人で多くの子どもを保育している状況は保護者の意識にはありません。いろいろ知りたいんだな、と受け止めましょう。

保護者のキモチ

担任からいろいろ聞きだしたい！

うちの大事な子どもを預けているんだから、どんな様子で過ごしているのか、知りたいのが親心というもの。友達にいじめられていたら困るし、悲しい思いをしているとすれば許せない！　日中の子どもの様子を知りたいのは、親として当然では…？

> 「(Sちゃんだけ見ているわけじゃないので)そこまでわからないです〜」

「わからない」と言ってしまうと、保育者がわが子のことをちゃんと見ていない、と受け取られてしまいます。心配が尽きない保護者には、何を心配しているかを具体的に尋ね、その点について詳しく話すようにしましょう。普段からの細やかな情報発信が大切です。

> 「Sちゃんに尋ねてみてください。どんなふうに話すか楽しみですね」

保護者からSちゃんに直接尋ねてみれば、Sちゃんが生き生きと話すか、顔を曇らせるかで、友達のことをどのように思っているのか、日中に何があったのか、どんな気持ちを抱いているのかが把握できるはずです。そのうえで「心配なことがあればご相談ください」と伝えるとよいでしょう。

子ども対応　友達関係

OK 子どもの話を優先して

しっかりと話せる年齢であれば、子どもとの会話の中から日中の様子を知ってもらうことも大切です。

Point 子どもが話しやすい雰囲気に

入浴中や寝る前など、子どもがリラックスしているときに話を聞くことを勧めましょう。子どもも素直に話せるはずです。

アフターフォロー

心配していることに詳しく答え、成長の展望を話す

保護者の話を聞いていると、特定の友達を気にしている、いつもうちの子ばかり我慢しているのでは、など何が気がかりなのか徐々につかめてくるはずです。友達との具体的な関わりや今後の成長の見通しについて伝えましょう。

子ども対応

30 子ども同士のトラブルでけがをした

エピソード
おもちゃの取り合いでかみつかれ、Jくん（2歳児）の手にくっきりと歯形と内出血ができてしまいました。応急処置を行ったのですが、お迎えにきた保護者がパニックになってしまい…。どう伝えればよいでしょう？

NG いきなり話してしまう

「お友達にかまれてしまって」といきなり話されると、保護者はびっくりしてしまいます。冷静に聞いてもらえるよう、話の順序はあらかじめ考えておきます。

保護者のキモチ

痛い目に遭ってかわいそう！

こんなに歯形がつくほどかまれて、どんなに痛かったか…。うちの子がかわいそう。手を出すことは何があってもいけないはず。それが、園の中で行われて、先生が守ってくれないなんて、どうなっているの？ 跡が残ったらどうしてくれるの⁉

子ども対応

けんか（けがをした）

「でも、Jくんが原因だったんですよ〜」

Jくんだけを悪者にして、園側の責任には言及していません。けがをしたうえに悪いのもわが子だと聞かされると、保護者はますますパニックになり、園や保育者への不信感を募らせてしまうでしょう。保護者にナーバスな事柄を伝える場合は、話す順番にも気を配るべきです。

「申し訳ありませんでした。今後は十分に気を付けます」

保育中にけがをさせてしまったことは保育者の責任ですから、まず、丁寧にお詫びする必要があります。そのうえで、おもちゃの取り合いが原因だったこと、応急処置の内容、内出血は2〜3日で回復すること、また0〜2歳児はこういったトラブルが起こりがちなことなどを伝えましょう。

OK 謝る際は、頭を下げて
「ごめんなさいね〜」などと気さくに謝るのではなく、しっかりと頭を下げて謝罪することが大切。保育中のけがの責任は、園にあることを肝に銘じて。

Point 原因を話して理解を求める
だれかを悪者にするのではなく、原因は物の取り合いだったことを告げ、処置の内容もしっかり説明しましょう。

振り返ってみよう　この時期の特徴を伝えてあった？

2歳前後は、まだ思いを言葉にできないことが多いため、行動で示すことが多い時期です。相手が憎くてかむわけではないこと、他者とのコミュニケーションの一歩であることなど、この時期の発達の特徴を、おたよりや口頭であらかじめ保護者に知らせておくとよいでしょう。

子ども対応

31 子ども同士のトラブルで けがをさせた

エピソード　男の子同士で、遊びのルールをめぐってトラブルがあり、取っ組み合いの大げんかになってしまいました。押した際に、相手の子どもが遊具で頭部を軽く打撲しました。大事には至りませんでしたが、押した側の子の保護者にはどう説明すればよい？

Point 保育者の対応はどうだった？

子ども同士のやり取りはもちろん、保育者がどう対応したのかも話す必要があります。その意図も語らなければなりません。

保護者のキモチ

相手にけがをさせたのは悪いけれど…

うちの子はルールを守らない子に正しいことを教えただけなのに、こんなことになっちゃって…。けがをさせたことは申し訳ないけど、うちの子の正義感もわかってほしい。そもそも先生が近くにいたのに、止められないってどういうこと？

「友達とけんかになり、押した際にけがをさせてしまいました」

（大したけがじゃないし、言わなくていいか…）

子ども対応

けんか（けがをさせた）

子どもは日々の生活の中で多くのことを学んでいます。トラブルで相手にけがをさせたというのは大きな出来事で、本人も大きなショックを受けています。けんかの後にきちんと指導したこと、本人がここで学んだことも保護者へ伝え、知っておいてもらうことが大切です。

事実をありのまま伝える必要があります。そして、原因は何だったのか、お互いはどのような気持ちだったのか、けがをさせた後にどのような行動をとったのかも話します。本人が反省したこと、次にこのようなけんかになりそうな際はどう行動しようと思っているのかも伝えましょう。

保護者　うちの子は謝った？
けがをさせた側の保護者は、謝罪についてとても気にします。けがの程度によっては、保護者からの謝罪を勧めましょう。

OK　けんかから学ぶ
「けんかしちゃダメ」だけではなく、けんかをしたからこそわかることがある、という成長の機会となった視点も伝えます。

アフターフォロー

言葉で伝えようと努力している姿を具体的に伝える

その後の園生活の中で、カッときたことがあってもすぐに行動するのではなく、何と伝えればよいかを考える姿が見られたら、その成長を伝えましょう。保護者からもほめられることで、子どもは気持ちをコントロールできるようになります。

子ども対応

32 けんかで子どもが大泣きした日の報告

エピソード 4歳児同士でけんかし、自分の言い分が通らず大泣きしたNちゃん。その後、落ち込んだ様子でしたが降園までには機嫌もなおっていました。けががあったわけでもないので、保護者に知らせなくてもよい？

Point 負の感情も伝える

泣いたり怒ったりといった負の感情を吐き出すことも、子どもにとっては大切な経験です。「トラブル」とひとくくりにせずに、丁寧に見守って保護者に伝えましょう。

振り返ってみよう　事なかれ主義になっているのでは？

子どもにもめごとやトラブルが何もなく、平穏に過ぎるのがよいことだと思ってはいないでしょうか？　子どもは様々な経験をするからこそ成長するもの。一つ一つの出来事を子どもにとっての学びのチャンスととらえ、成長する姿をしっかりと記録して保護者にも伝えましょう。

子ども対応　けんかの報告

（泣いたけど今は機嫌もいいし、言わなくていいよね！）

保護者が子どもの友達から「今日、Nちゃん、すごく泣いてたんだよ」と聞かされたらどんな気持ちがするでしょう。何があったのかしら、どうして園から知らせてくれないのかしら、と心配になるはずです。子どもの感情が大きく揺れた出来事は、保育者から先に話したほうがよいでしょう。

「Nちゃんは今日、けんかで成長しましたよ！」

Nちゃんは、自分の気持ちを思いきり友達にぶつけました。これは自分を表現している姿です。そして、思いが通らないこともあると知り、落ち込んだ気分も自分で乗り越えました。そのような「成長に必要な経験を重ねたこと」を、保護者にも丁寧に伝えたいものです。

NG 報告しない
悪い話ではなく、学びがあった、成長があったという切り口で話せば、保護者の子ども理解にもつながります。

OK 成長を共に喜ぶ
子どもがこの日乗り越えられたことを、保育者と保護者で喜び合えるような関係でありたいものです。

保護者のキモチ

泣いたり怒ったりして大きくなるんだな

嫌なことがあっても、じっと我慢しているようじゃだめなんだ。泣いて怒って、自分の気持ちを表現しながら、どう言えばいいのかを学んでいくってことか。先生に知らせてもらえてよかった。トラブルもなく毎日を過ごすほうがいいのかと思ってた！

子ども対応

33 けんかをした相手の名前を詮索する

エピソード 日中、言い合いのけんかがありました。けがもなくお互いに謝ってしこりもないのですが、念のためにけんかがあったことを保護者に伝えたところ、「相手はだれですか？」と質問されました。どう対応すべき？

NG 名前の出どころになる
子どもが相手の名前を保護者に自分で話すことは自然なこと。しかし、園側から相手の名前を伝えるのはご法度です。

振り返ってみよう　うかつに話したことはなかった？

保育者が何げなく話したことでも、「○○先生がこう言っていた」「○○先生なら教えてくれる」と、保護者の間で広まることがあります。個人情報を守る際は「私からは話せません」と、保育者としての立場と責任をきっぱりと説明するとよいでしょう。

子ども対応 / けんかの相手

> 「(家で子どもが言うだろうし…)相手は○○くんです」

保護者は相手の子を敵のように感じてしまいます。また、子どものけんかが親同士のトラブルになることは往々にしてあります。更に、この園は尋ねれば相手の名前を教えてくれるのだ、と保護者に認識されてしまいます。次に何かあった際、前は教えてもらったと言われるでしょう。

> 「相手の名前を知らせることは子どもにとってよいことではありません」

子どもは友達とぶつかり合いながら、自分の思いを伝えることや相手の気持ちを知る大切さを学んでいます。これは園では日常的なことです。保育者が相手の名前を保護者に告げると、保護者のその子に対する見方が固定化され、子ども同士が仲直りしにくい状況をつくり出してしまうのです。

OK だれのための対応か

「子どもにとってよくない」と言われれば、保護者は納得しやすく、そのほうがメリットがあることを理解できます。

Point 先入観をもたれないように

人は第一印象や先入観に弱く、一度悪い印象をもつとなかなか元には戻れません。成長を続ける子どもを守るための対応です。

アフターフォロー

成長につながる経験の一つとして積み重ねる

だれとどうなった、ということは長い目で見るとさほど重要なことではありません。それより、その子がいろいろな人と関わりながら、言葉を覚え、付き合い方を学び、トラブルの際の身の処し方を体得していくことが肝心だと伝えましょう。

子ども対応

34 けがをした際の、園の対応に不満がある

エピソード
大型遊具から落下したSちゃん。頭部は打っておらず、様子を見守りましたが気分も悪くないとのことでホッとしました。が、お迎え時に「どうして救急病院に行かなかったの!?」と保護者が激高。園のルールに従ったのですが…。

Point 落ちたときの状況は詳しく

大型遊具の近くに保育者はいたのか、落ちた原因は何なのか、打ったところ、応急処置についてなど、状況を詳しく説明できるようにします。

保護者のキモチ

もしものことがあったら

かけがえのないわが子に万一のことがあったら、とんでもないこと。高いところから落ちたのなら、大きな病院で診てもらうべきじゃないの? 落ちたときの詳しいことがわからないし、どういう対応をしてくれたのかもわからない。とても不安…。

「様子はちゃんと園で見ていました」

落ちたとき、そしてその後の様子がどうだったのか、これでははっきりしません。泣き叫んだのか、ぐったりしたのか、頭を打ったのか、すりむいたのか…。高い場所からの落下を保護者が心配するのは当然のこと。状況がわかるような説明が必要です。ただ見ていただけでは、何の役にも立たないと思われます。

「頭部は打っておらず、吐き気もありませんでした」

子どもの落下事故の場合、怖いのは脳の損傷です。意識を失ったり吐いたりした場合は、すぐに大きな病院へ行くべきですが、降園時まで普通に活動できていたのなら、その心配はないでしょう。そのような医療的な知識に裏付けされた事実を伝え、事故が再発しないための対策を話しましょう。

子ども対応

けが（対応に不満）

保護者 放置されていた!?と感じる

高い場所から落下したのに様子を見ただけでは、保護者は「放っておかれた」と感じてしまいます。

OK 医療的な判断だと伝えて

「病院へ行く場合の症状は…」などと、医療的な判断を加えていることを伝えると緊急に受診するほどではなかったことがわかります。

振り返ってみよう 遊具のそばに保育者はついていた？

ブランコや大型遊具など、落下したりけがをしたりする可能性のある場には、見守るための保育者を配置する必要があります。落下の心配があるなら、危ない箇所にマットを敷くなどの対策が求められるでしょう。安全対策について、全職員で検討し、共通理解を図りましょう。

子ども対応

35 保育者が見ていないときにけがをした

エピソード 他の子の対応に追われていたときに、手洗い場で滑ってひざをすりむいてしまったRちゃん。けが自体は大したことはなかったのですが、「どうして先生がちゃんと見ていなかったんですか！」と保護者からクレームが入ってしまいました。

Point 見ていないことは無責任につながる

その後の処置が適切だったとしても、「保育者が見ていなかった」「状況を把握できていなかった」という事実が、保護者から責められる点です。

保護者のキモチ

一人一人に目が届いてないじゃない！

うちの子が転んだところを見ていないなんて、いつも見てないってこと？ バタバタしている時間とか言ってたけど、じゃあ、いつなら見てくれているの？ クラスで手のかかる子ばかり見て、子どもを平等に見ていない証拠では。信用できない！

子ども対応

見ていないときにけが

「私一人で20人見ているので、全員を見られないこともあります」

これでは保護者の怒りは収まるどころか更にひどくなります。保育中のけがは、すべて保育者の責任です。一人でクラスを見ている、他の子の対応をしていた、バタバタしている時間帯だったなど、言い訳になりません。理由はどうあれ、まずは保護者に対して誠意をもって謝るべきです。

「申し訳ありませんでした。私の不注意です」

まず、けがをさせてしまったことに対して、深くお詫びする必要があります。そのうえで、今後は滑らないようにあらかじめ雑巾で拭いておく、滑り止めマットを敷くなどの対策を講じることを約束しましょう。子どものために万全を期すことで保護者に安心してもらいます。

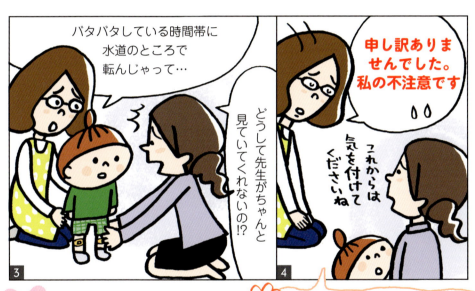

保護者 **大事にされてない？**

「うちの子は面倒をみてもらえてないのでは」「影が薄いと思われている？」と、保護者は疑心暗鬼になるものです。

OK **けがをさせたお詫びを**

このようなケースでは、まずは謝罪をすることが大切。子どもや保護者に一切の非はなく、園の責任であることを認めます。

アフターフォロー

どこでけがが発生するのか園内をチェック！

同じ場で2回以上けがが発生した場合は、何らかの対策が必要です。滑り止め、クッション材、注意を促すマークなど、職員全員で考えを重ねていきましょう。手洗い場の近くに雑巾を置き、子どもにも「濡らしたら拭こうね」と声をかけるのもよいですね。

子ども対応

36 わが子の言い分だけを信じてクレーム

エピソード Sちゃん（4歳児）の保護者から「友達から仲間外れにされている、とSが言っている」というクレームが入りました。みんなで一緒に遊んでいるときにSちゃんが遊びのルールを無視して言い合いになった、というのが事実なのですが、どう説明する？

先生、うちの子がお友達に仲間外れにされたって言ってるんですが…

あ、昨日…

一緒にやろうよー

プイッ

NG トラブルを把握していない
次の日に相談されてからトラブルに気付くようでは遅すぎます。ささいな出来事にも気付くアンテナを張りましょう。

振り返ってみよう　降園時に一人一人の不安をキャッチしていた？

子どもを園から送り出す際、一日の充実感や心の中のわだかまりの有無を、表情を見ながら確認し、ケアしていましたか？　不満を抱えたまま悲しい気分で帰宅している子どもを見逃していなかったか、振り返りましょう。その日のトラブルは、その日のうちにフォローするのが基本です。

「Sちゃん、自分に都合よく話しすぎですね〜」

これでは、Sちゃんをうそつき呼ばわりしていることになります。また、保育者が相手の子側に立っているかのようなニュアンスにも聞こえます。自分の子どもの言い分を頭から否定されると、保護者は更に腹を立てるでしょう。保育者を信用しなくなってしまいます。

「Sちゃんは、仲間外れにされたと思っているのですね」

まず、Sちゃんの思いを確認します。そして、Sちゃんがどのような状況でルールとは違う行為をして、他の子がどう反応したかを説明します。そのうえで、Sちゃんが仲間外れにされたという気持ちのまま降園したことをお詫びし、仲直りできるよう援助することを約束します。

子ども対応 ── 過保護

子どもの思いを受け止める
「○○と思っているのですね」と話すことで、その子の心の中の事実を、保育者として受け止めます。

保護者 仲直りできれば安心
トラブルの詳細が理解でき、保育者が仲立ちしてくれることがわかれば保護者は安心できます。

アフターフォロー

子どもと話をしたことを保護者にも伝える

Sちゃんに、「昨日は、嫌な気持ちになっちゃったね」「先生にお話してくれる？」と笑顔で尋ねます。思いを受け止めた後、相手の子どもとも話してわだかまりをなくしましょう。そのやりとりを保護者にも伝えます。

子ども対応

37 まだ明瞭に話せない子の言うことを憶測し、心配する

エピソード
Nくん（1歳児）の保護者が「うちの子が、先生にかまってもらえないって…」「○○くんに叩かれたって言ってて…」など、まだはっきり話せないNくんの言葉からいろいろ憶測し、過剰に心配して困っています。

保護者 ♥ 心配だからいろいろ知りたい

保護者から矢継ぎ早に質問されるのは、園への不信感や子どもへの心配ととらえましょう。情報提供の不足がうかがえます。

NG 憶測だからと耳を傾けない

想像でクレームを言われても…という気持ちもわかりますが、憶測せざるをえない状況にしているのはこちら側なのです。

保護者のキモチ

うちの子、ちゃんと見てもらっているの？

私の大事な子どもは、園でしっかり見てもらえてないのでは？ 他の子に叩かれたり、邪険にされたり、かわいそう…。放っておかれている感じもするし、なんだか担任の先生が信用できない。とにかく心配でたまらない…！

「子どもの言うことばかり信じないでください」

これでは、子どもを否定していることになります。わが子のことを悪く言う保育者を、信頼できるわけがありません。また、保護者を非難しているかのようにも聞こえます。情報がないからこそ過剰に心配しているのに、これではますます心配になるでしょう。

「Nくんが笑顔で過ごせるように努力しますね」

保護者の訴えは、うちの子をよく見てほしいということです。また、保育者からの情報が少ないとも思っています。ですから、Nくんが園生活を楽しめるように援助することが何より大切です。「今日はこんなことを楽しんでいましたよ」など、降園時に頻繁に声をかけましょう。

子ども対応　憶測で心配

OK 前向きな対応で安心する
現状維持ではなく、改善してくれる、努力してくれるという言葉に、保護者はホッと安心できます。

振り返ってみよう　**保護者が安心できる姿を伝えていた？**

保護者は、園からの情報発信が十分ではないと、子どもの一言一句をとらえて、あれこれと想像し、考えてしまいがち。遊びの様子などをよく観察し、お迎え時にその姿を伝えたり、連絡帳に書いたりしましょう。それだけで、保護者は安心できるのです。

子ども対応

38 入園してから言葉づかいが悪くなった

エピソード　「うるせー！」「バーカ」など、これまで家庭で発したことのない言葉を言うようになった、と訴えてきたTくん（3歳児）の保護者。集団生活がスタートし、友達との関わりから覚えたのかもしれませんが、どう対応すればよい？

NG　当然のことと片付ける
新しいことを吸収できるという、集団生活のメリットを悪く言うのは×。諦めにも似た発言は控えましょう。

保護者のキモチ

せっかく品よく育ててきたのに

これまで心を込めて、いろいろと気配りして、品よく育つように努めてきたのに…。この園に入れたばっかりに、こんな乱暴な言葉を使うようになってしまって悲しい。今まではあんな悪い言葉、使わなかった。園選びを間違っちゃった？

「集団生活ってそういうものですよ」

これでは、園にいる子は言葉づかいがどんどん悪くなって当たり前、というような印象を受けてしまいます。集団生活自体が悪印象になるような伝え方はNG。たとえ子どもが悪い言葉をおもしろがって使っても、一過性のものであることを伝えたいものです。

「環境から言葉を学ぶ力が、育っていますね」

子どもは、園に入ってたくさんの人と出会い、様々な刺激を受けています。今まで使っていなかった言葉が出るのは、その言葉を耳で聞き、自分の中に取り込んだということ。成長の側面なのです。ただし、使って気持ちのよい言葉かどうかは、これから園で指導することを付け加えます。

子ども対応　言葉づかい

OK 具体的なシーンを知らせる
こんなときにこんなつぶやきをしていた、というような細かい描写を伝えると、保護者にもわかりやすく、安心できます。

Point たしなめるところも見せて
子どもがひどい言葉を発しているときは見過ごさず、注意します。保護者と園の感覚は同じであることを示しましょう。

アフターフォロー

言われたらどう思うか子どもと考える

おもしろがって使っている流行りの言葉もただ禁止するのではなく、言われた人の立場に立って考えることで、相手を傷つけないためにどういう言葉を使うかを考える機会を。耳ざわりな言葉を聞き分けるセンスも、育てていきましょう。

子ども対応

39 子どもが急に保育者にべったりするなどの変化が…

エピソード
快活で体を動かすことも大好きだったDくん（2歳児）が、急に保育者に抱っこをせがんだり独りじめしようとしたり、友達の輪から外れて一人で絵本を読んだりして過ごすことが増えました。様子が変わったと感じましたが、保護者にどう話せばよい？

NG 家庭のせいにする
最初から家庭に原因を探るのではなく、まずは園での友達との関係などを見直しましょう。

振り返ってみよう　子どもの変化に敏感だった？

できなかったことができるようになったり、何かを乗り越えようとしていたり、助けを求めていたり、さみしい思いを抱いていたり、と子どもは毎日変化しています。そのささいな違いに敏感に気付き、記録に留めましょう。プラス面、マイナス面の変化を読み取り、気付いた際には保護者と連携して、子どもをよりよい方向へ導きたいものです。

「おうちで何かあったのですか？」

子どもの変化を家庭が原因だと決めつけた言い方です。問いただすような雰囲気になり、保護者も不愉快な気持ちになるでしょう。園に原因が考えられない場合、家庭で問題が起こって保護者自身が苦しんでいる可能性もあります。援助の手を差し出すつもりで話しかけましょう。

「園での様子が変わってきました。気付かれたことありますか？」

まずは、Dくんのふるまいにどんな変化があったのか具体的に知らせます。そして、保護者に何か気が付いたことや、思いあたることはないか、さりげなく尋ねましょう。親の介護が始まったり下の子に手がかかっているなどの理由で、子どもが寂しい思いをしていることも多いものです。

子ども対応 / 子どもの変化

OK 言い方次第で印象が変わる

「おうちで」と限定せずに「何か気付かれたことはありますか？」と聞くことで、ソフトな印象に。

保護者 話して荷が下りる

保育者に知らせるべきことかどうか、保護者に判断しづらい場合もあります。察知して、相談に乗る雰囲気をつくりましょう。

アフターフォロー

子どもの姿を詳細に伝えていく

子どものさみしい思いを受け止め、温かい対応を心がけます。保護者に対しては、向こうから様子を聞かれる前に園側から日中の子どもの様子を伝えると、保護者も安心します。家庭での様子もさり気なく聞けるとよいでしょう。

保護者トラブル

40 インターネット上で園や担任の悪口を書いていた

エピソード 勤めている園の名前をなにげなくインターネットで検索したら、園や担任保育者の実名入りで悪口を書いている保護者がいることがわかり、大ショック！ だれなのかもわかっています。どう対応すべきでしょうか？

保護者 うっぷんをネットで発散

近年は園への不満をインターネット上に公開することへのハードルは低いようです。自分が実際に感じたことだからと、書くことで発散してスッキリするのかもしれません。

保護者のキモチ

本音を言って、何が悪い？

納得できない対応をした園がそもそも悪い！ だから、園名や先生の名前を出したっていいでしょ？ 黙って泣き寝入りするより、ネットでだれかに聞いてほしかった。私が不愉快な思いをしたのだから、これくらい許されるでしょ！

「インターネット上の悪口を削除してください！！」

インターネット上で書くこと自体は自由ですから、こちらが削除を求めてもなかなか難しいでしょう。不満をもっている保護者からすれば、書かれて園が困ることは百も承知。園がオロオロするのを小気味よく思っているのかもしれません。保育者は動揺せず、毅然とした対応をしたいものです。

「よりよい園になるよう、アドバイスいただけませんか？」

園に不満をもっていることがわかったのですから、それをインターネット上で発散させるのではなく、直接園側に話してもらえるようにおだやかにアプローチします。その不満に丁寧に対応すれば、園の評価もあがることになるでしょう。また、新学期などにネットマナーについても伝えたいものです。

保護者トラブル ネットで悪口

Point 不快感は見せない
「インターネットで見かけた」といった説明は不要。「ご意見があるなら」という姿勢を貫き、保護者の本音を引き出します。

OK 保護者の意見＝一理あるもの
保護者の不満やクレームに丁寧に対応することで、保護者が満足し、園もよりよくなることを肝に銘じて。

こんなケースも　匿名のSNS上に保育者や園の悪口を書かれていた
だれが書き込みしたか不明な場合でも、放っておかず誠実に対応しましょう。園だよりなどで「このようなご意見がありました」と紹介し、園の考え方も合わせて載せます。悪口だけなら「ご不満があれば直接お聞かせください」と発信しましょう。

保護者トラブル

41 保育者のプライベートをしつこく聞いてくる

エピソード おしゃべり好きな保護者から、「先生、どこに住んでいるの？」「彼氏は？」「好きなタイプは？」など、プライベートを詮索されます。仕事とプライベートは別にしたいので、必要以上のことは言いたくないのですが…。

保護者 先生と仲よくなりたい

保育者に親しみを感じ、友達感覚で気軽に尋ねる人もいます。悪気はないので、邪険にしすぎないよう注意。

振り返ってみよう 自分も知りたがっていない？

園児の家庭調査票を見て、どういうご家庭だろうか、と思うことはあるでしょう。興味をもつのは自然なこと。ただし、保育者には守秘義務があります。保育者としてゴシップ的な興味を表に出すことは控え、仕事上知り得たこととの線引きをしっかりとしましょう。

「言いたくないので、答えられません！」

保護者相手にムキになっている感じがして、これまでの人間関係さえ壊してしまう危険があります。この保育者は嫌なことがあると全面拒否して黙ってしまうのだと印象付けるでしょう。保育者と保護者は友達ではないので一線を引くのは当然としても、言い方には気を付けたいものです。

「ご想像にお任せします、ウフフ」

この手の質問に、まじめに答える必要はありません。笑顔でにごして、その場を離れましょう。保護者も察して、個人情報に関することをその後も更に追及してくることはないでしょう。保護者も保育者との会話に困って、何となく尋ねていることも多いもの。さらりとかわすに限ります。

保護者トラブル　プライベートの詮索

OK 保育者には愛嬌も必要
保護者をうまくかわすためには、愛嬌も必要です。ときには俳優のようにうまく演じ、煙に巻いて乗り切りましょう。

Point 笑顔で後腐れなく
表情が曇ったり、困り顔で別れたりすると、しこりが残ります。あくまでも笑顔で送り出し、翌日からも変わりなく接して。

こんなケースも　旅行のおみやげなど、過剰に近づきたがる保護者

保育者に親しみの気持ちをもち、好意を表してくださるのはありがたいことです。しかし、個人的に金品を受け取るのはNG。「お気持ちだけいただきますね、ありがとうございます」と、相手が嫌な気持ちにならないよう、対応しましょう。

保護者トラブル

42 若いことや出産経験がないという理由で保育者を見下す

エピソード 保護者から、「先生はまだ若いからね…」「子どもを産んでない人にはわからない」と言われてショックです。保育のプロとして仕事をしているつもりですが、こういう保護者にはどのように答えればいい？

Point 受け流す覚悟で

若手の保育者に対して、威圧的に接してくる保護者はどこにでもいます。保育という仕事に誇りをもち、受け流して対応しましょう。

NG もじもじして黙っている

言われたことにショックを受け、もじもじしていては相手の思うつぼです。毅然とした対応を心がけ、胸を張って話しましょう。

保護者のキモチ

若くて頼りない先生じゃ困ってしまう

よりによって、どうしてうちの子の担任がこの人なのかな。経験が浅いんじゃ、質のよい保育は難しいんじゃない？　母親の気持ちもわからないだろうし、ただの優しいお姉さんって感じ。やっぱりベテランの先生がよかったな…。

保護者トラブル　上から目線

（……どう答えればよいかわからない…）

答えに窮する気持ちはわかりますが、黙っていると相手の言い分を認めたことになってしまいます。それでは、自分ばかりか他の若い保育者も不利益を被ってしまいます。自分たちの優位を誇示したがる保護者は多いもの。しっかりと保育のプロであることを伝えましょう。

「子どもの成長を見守るプロですから、ご安心ください！」

たとえ若くても、保育を専門に勉強し、現在もプロとして毎日子どもと接しているわけですから、親とは違う視点で子どもを援助する自分の仕事に、自信をもちましょう。多くの子どもたちを見守り、日々それぞれの成長を見届けています。見下される理由はどこにもありません。

OK よい保育をしていてこそ

日ごろから精いっぱい保育をしていれば、胸を張って「私はプロ！」と言えるはず。保護者に安心してもらうためには日々の保育を大切にすることが必須です。

振り返ってみよう　保護者に対して謙遜しすぎてない？

「まだ経験が浅くて…」「若いので…」など、謙遜のつもりで言っていることを保護者は真に受けて、不安になったり、見下す態度に出たりする場合があります。丁寧な言葉を使いながら、過不足なく伝えることは難しいですが、自分はプロの保育者であることを常に心に留めておきましょう。

保護者トラブル

43 担任の私を飛ばして園長や主任に深刻な相談を…

エピソード
保育中に事務室の前を通りかかると、Sちゃんの保護者が園長や主任と真剣に話し合っているところでした。どうやら友達関係について悩んでいるようですが、なぜ担任の私を飛ばして園長や主任に…とショックです。

保護者　相談ごとは上の人へ？

保護者の中には、深く考えずに主任や園長など、役付きの職員に話したほうがよいと思う人もいるものです。

アフターフォロー　園長や主任に相談内容を聞いて、対応を引き継ぐ

園長や主任には、保護者の話を聞いてもらったことのお礼を伝え、どのような方針でSちゃんの援助を行うか、自分の考えを話します。園長にもアドバイスをもらって保育にあたり、経過や保護者に知らせた内容なども報告します。

「まずは私に話してもらわないと困ります！」

保護者が担任ではなく、園長や主任に話したいと思ったのは事実ですから、それを阻止したところで問題は解決しません。日中、子どもの近くで過ごしている自分に、話したくなるような信頼関係をつくることが求められています。これまでどのように接してきたかを振り返ってみましょう。

「私にもご相談いただけたら嬉しいです」

自分もSちゃんのよりよい成長を願いながら毎日Sちゃんに接していることを伝え、困っていることがあったら力になりたいという気持ちを話します。Sちゃんと保護者の味方になりたいという思いを伝えましょう。自分への不信感を感じたなら、挽回できるような保育をすることが求められます。

保護者トラブル　担任への不信

Point　日々の成長を伝えて

Sちゃんの成長を一番間近で見ているのは担任です。細かな成長、今日できたことなどを伝え、信頼関係を築きます。

OK　聞く耳、あります！

「相談してほしい」と伝えることで、Sちゃんを援助する気持ちがあることを表します。担任ならではの細やかな対応を！

こんなケースも　男性保育者には相談がしにくいと言われた

1回目は他の保育者や主任など女性保育者に同席してもらいます。親しみをもってもらえるようになれば一対一で話せるはずです。ただし子どもの性などデリケートな相談の場合もあるので、ケースバイケースで割り切って考えましょう。

保護者トラブル

44 保護者同士の
トラブルを相談されて…

エピソード　Tちゃんの保護者から「実は、ママ友とトラブルがあって、グループから外されて…。私どうしたらいいでしょう」と深刻な相談がありました。もうすぐ親子遠足もあるため、園での子ども同士の人間関係にも響きそうで気になります。

保護者　先生なら何とかしてくれる

すがる思いで気持ちを打ち明ける保護者にも過度な同情は禁物。どちらか一方に深入りしすぎない対応が求められます。

**保護者の
キモチ**

先生はきっと助けてくれる

担任の先生、前に困ったことは何でも相談してくださいって言っていたし、子どもの相談はこれまでもたくさんしてきたし…。園のことで困っているのだから、聞いてくれるはず。子どもに影響があることだし、力になってもらいたい…。

保護者間トラブル

「ひどい！ 私から言いますね!!」

保育者が保護者同士のトラブルの間に入ることは厳禁です。保護者は、保育者がどちら側の肩をもつかに敏感です。その不満が更に募ると、問題はもっと大きく、根が深くなってしまうでしょう。あくまでも第三者としてふるまい、発言には気を配る必要があります。

「お困りですね、話し合いの場は提供できますよ」

保護者間のトラブルの間に入ることはできませんが、話し合いの場所は提供できることを伝えます。そして、トラブルの早期解決が子どもにとってもよい環境になることを話しましょう。どちらかの意見だけを聞いて肩入れしないよう、その後の推移も一歩引いて見守ります。

OK 場所の提供だけに
園側にできることは、話し合いの機会と場所を提供することだけ。後のことはノータッチで第三者の立場を貫きます。

Point 子どものために！
「保護者のための解決」ではなく、「子どものための解決」を。保護者同士のよい関係が、子どもの育つ環境として必要です。

こんなケースも　夫や義両親への不満を保育者にもらす

子どもの家庭のことですから、保護者の思いを知るうえで多少は聞きますが、コメントすることはタブーです。長くなりそうな場合は「大変ですね」と受けた後、「○○ちゃんのことですが」と子どもの話へ戻しましょう。相手もハッとするはずです。

保護者トラブル

45 他の保護者へのクレームを「園から伝えて」と言われた

エピソード 引っ越してきたばかりで、人付き合いが苦手なNちゃんの保護者。別の保護者から「先生から、もっとあいさつするようにあの人に言ってください」という申し出がありました。保護者同士のトラブルを避けるためにも、間に入るべきでしょうか？

保護者　世直しのつもり

他の保護者の態度が気になって仕方ない保護者は、自分こそが善で「世直し」のつもりで意見しています。

振り返ってみよう　保護者の言いなりになってない？

保護者の要望にできるだけこたえようとして、しなくてよいことまで引き受けていないか考えてみましょう。信頼関係をつくるために、よかれと思ってしていることが、ただの便利屋になっていることも。「子どものために」を第一に考え、保育者としての役割も考えましょう。

「もっとあいさつしてほしいと他の保護者が言っていて…」

これでは、保育者が保護者にいいように使われている状態です。Nちゃんの保護者は、「保育者は向こうの味方なのだ」と思ってしまうでしょう。保護者同士の問題ではなく、園とNちゃんの保護者との関係が悪くなってしまい、かえってあいさつしにくい状況をつくることになるでしょう。

「ご自分で伝えられたほうが相手は嬉しいと思いますよ」

マイナス印象のことは、人づてに聞くよりも、本人に言ってもらったほうが気持ちがよいものです。なぜ自分で言わないのかと、変に勘ぐられたりもします。相手とよい人間関係を築くためには、相手の思いを察しながら言い方を考えるという配慮が必要になります。

保護者トラブル 他の保護者への不満

OK ものは言いよう
ここで「自分で言ってください」と率直に言っては気分を損ねます。仲を取り持つ方向で話しましょう。

Point プラスの印象に
「あなたにならできる」「あなたに話しかけられると嬉しい」と保護者の力を認めることで、よい方向に向かいます。

アフターフォロー

保護者同士がつながるチャンスを

同じ地域の同じ園で子育てしている保護者同士、ほどよく知り合って言葉を交わす仲になることは、子どもにとっても保護者にとってもよいことです。懇談会などでは、保護者同士が親しく話せるようなきっかけを、園でもつくっていきましょう。

保護者トラブル

46 発表会で子どもの名前をうっかり言い間違えた!!

エピソード 発表会で、出演した子どもの名前を私が読み上げる係でしたが、緊張から子どもの名前をうっかり言い間違ってしまいました。すぐに訂正しましたが、保護者からは「ショック！ 先生ひどい!!」と抗議を受けました。いったいどうすれば…。

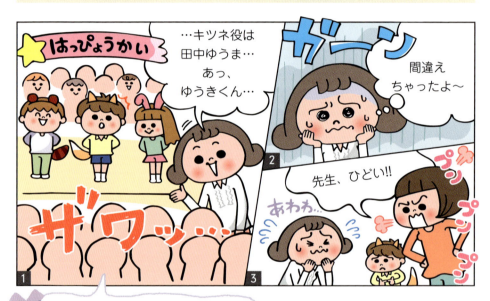

NG 子どもの名前を間違える

名前を間違えられるのは、不愉快なもの。本番前に何度も確認したり、似た名前が多い場合はメモを読む形式にするなど準備しましょう。

保護者のキモチ

そんなに存在感がないの…？

せっかくの晴れ舞台で、ビデオもばっちり撮っていたのにどうして名前を間違うのだろう？ うちの子はそんなに存在感が薄くてどうでもいい子っていうこと？ 一生懸命この日のために取り組んできたのに、子どもだってかわいそう…。

「緊張してたんです、すみません！」

自分が緊張していた、うっかりしていたという理由など、全く言い訳になりません。大切なわが子の名前を間違えられるのは、保護者にとっては不愉快なものです。うちの子はそんなに影が薄いのか、担任は名前もきちんと知らないのか、と勘繰りたくなります。

「本当に申し訳ございませんでした。深くお詫びいたします」

100％こちらのミスですから、とにかく謝る以外、方法はありません。相手の気が済むまで心をこめて何度もお詫びしましょう。深く頭を下げることも大切です。必要ならば、主任や園長にも同席してもらい、謝罪の気持ちを伝えましょう。二度目がないよう、自分への戒めにしてください。

保護者トラブル

保育者のミス

OK 園長にも同席してもらって
明らかな園側のミスの場合、担任一人ではなく、園長や主任にも立ち会ってもらうとベターです。

Point 今後どうするのかを明確に
謝ってその場をしのぐのではなく、この失敗を今後の保育にどう生かすのかを自分なりに考えて伝える必要があります。

こんなケースも　おたよりなどの印刷物でのミス

この場合も、謝る以外に方法はありません。そして、全面印刷をしなおした訂正版をお詫び文と共に配布し、前のものは破棄してもらいます。名前や誕生日の間違いは、だれだって嫌な気分になります。印刷前のチェックは二重三重に複数の目で行いましょう。

保護者トラブル

47 発熱でお迎えをお願いしたいのに連絡がつかない

エピソード お昼前にKちゃんが発熱したため、お迎えをお願いしようと園に登録された保護者の連絡先に電話をしましたが、何度かけても出てくれません。そうするうちに通常のお迎え時刻になってしまいました…。

Point 熱が出てからでは遅い！

連絡先が一つしか登録されていないことに、子どもが熱を出してから気付いているようでは遅いのです。複数の連絡先を登録してもらい、変更があった場合も、すぐに届け出てもらうように周知しましょう。

振り返ってみよう　複数の連絡先を登録してもらった？

日中の保護者の連絡先は、体調不良時だけではなく、災害時の引き取りにも関わる重要事項です。携帯電話だけではなく、職場の電話番号も登録してもらうとつながりやすいでしょう。家族や親戚でなくても、近所の人や友人にも協力してもらえるようアドバイスします。

保護者トラブル／連絡がつかない

「何回も電話したんですよ!! すぐ出てください!!」

何度もかけさせられた怒りを感じます。怒ってこちらの不満をぶちまけても、相手は「だって忙しかったんだから仕方ないじゃない」「出られないことだってあるでしょ」と思うだけで、何の改善も見られないでしょう。感情的にならず、次も同じことにならないよう考えたいものです。

「連絡先を三つ、登録していただけますか?」

一つ目の連絡先でつながらない場合、次に連絡できる電話番号を知らせてもらいましょう。できれば三つくらい依頼します。職場や祖父母宅など、連絡がつく先でなければ登録する意味がないのです。子どもに影響があることなので、入園時にしっかりと確認しておく必要があります。

NG 不満をぶちまける
保育者が保護者に対して感情的になっても、事態は解決しません。連絡がつかずつらい思いをしたのは、熱を出している子どもなのです。

OK 次回からの対策を取る
熱を出した子どもが待っていたことを伝え、必ずつながる連絡先の登録を冷静にお願いしましょう。

アフターフォロー

連絡先の変更はこまめにチェックして

何かあったときのために、園からの連絡をできるだけすぐに受けてもらえるよう、入園時に説明しておきましょう。また、携帯番号や職場の所属先の変更などはすぐに園に届け出るよう、折々に伝える必要があります。

保護者トラブル

48 目を合わせず返事もせず、付き合いにくい

エピソード
あいさつをしてもツン、話しかけようとしても目も合わせてくれないUちゃんの保護者。もちろん、あいさつの返事もありません。担任になって以来、正直言って苦手で、付き合いにくいと思っています。こういう保護者と顔を合わせると思うと、気が重いです…。

NG 心で思ったことを顔に出す

たとえ心の中で思うだけでも、保護者への不信感、苦手意識は必ず表情や態度に出てしまうものです。相手のよい面を印象としてとらえましょう。

保護者のキモチ

私にかまわず、ほっといて！

愛想よくすると、話しかけられちゃうでしょ…？ 忙しいんだからさっさと帰りたいの。別に先生と仲よくしなくたっていいでしょ？ 子どもとちゃんと接してくれさえすればいい。人と話すのは苦手だし、目を合わせないようにしているの。

保護者トラブル 付き合いにくい

（あーあ、Uちゃんのママが来ちゃった…嫌だなぁ）

こちらが嫌だと思っていると、それは表情や雰囲気で必ず相手に伝わってしまうものです。相手も、あの先生嫌だなぁ、うちの担任は話しかけてもくれないと思っていることでしょう。まずは保育者である自分から、相手を気持ちよく受け止める姿勢をもちたいものです。

「こんにちは！ Uちゃんは今日、〇〇でしたよ！」

こちらからにこやかに進んであいさつしましょう。そして、Uちゃんの話をしましょう。どんな保護者でも、わが子の成長や遊びの様子を知りたいと思っています。Uちゃんのよい姿を取り上げ、詳細を伝えてみましょう。そして、一緒に喜び合う時間をもつことを重ねていけるといいですね。

OK 最初は作り笑顔でもよい

口角を上げ、笑顔で話しかけてみましょう。最初は作り笑顔だってよいのです。まずは自分からよい雰囲気を出すことが一番です。

Point よい場面を伝える

物事を楽しく伝える話術も保育者には必要。その子のよい場面を観察し、手短に話をすれば必ず保護者は聞いてくれます。

振り返ってみよう　話しやすい保護者とばかり話してない？

向こうからにこやかに話しかけてくれたり、理解を示してくれる保護者とばかり話し、こちらから話をしない保護者のグループを自分の中でつくっていなかったか考えてみましょう。また、あの保育者に捕まったら長い、という印象を自分も与えていなかったか、振り返ってみましょう。

保護者トラブル

49 クラス替えやグループ決めなどでの無理な要求

エピソード
年度替わりを前に、Tくんの保護者から「あの子とは別のクラスにしてほしいんです」と依頼がありました。たびたび「〇〇くんとはグループを別に」「バス遠足の座席を遠くに」など身勝手な要求をしてくる方で…どう返事をすればよい？

NG 安請け合いする
できないことに関して安請け合いしてしまうと、保護者との信頼関係は築けません。できない理由を伝えましょう。

 保護者のキモチ

ダメ元でも一応言っておこう
親としての思いを伝えておく必要はあるよね。言っておいたのに、あえて一緒のクラスにするのは、けっこう勇気がいるはず。言わないよりは言っておいたほうがいいに決まっている。それで聞いてもらえるのなら得だし！

「できるかはわかりませんが、やってみますね…」

このような対応をすると、身勝手な要求をしてもいいんだ、保育者はわが子のために努力してくれるんだ、と思われてしまいます。そうして「優遇してもらえた」という噂が広がり、ますますダメ元でもいいからあらかじめ保育者に根回ししておこう、という保護者が増えるでしょう。

「子どもたち全体のよりよい発達が第一です」

クラス編成にもグループづくりにも、保育者の意図があります。人間関係がうまくつくれるように、子ども一人一人が活躍できるように配慮しているはずです。どのようなねらいでクラスを編成しているのかを丁寧に説明し、苦手な子ともうまく関われるようになることが成長につながると伝えます。

保護者トラブル　無理な要求

OK　気持ちは理解してもOK
「ご心配かと思いますが」の一言で、保護者の気持ちに寄り添おうとしていることが伝わります。

Point　なってほしい姿を伝えて
苦手なことから逃げるのではなく、心を開いて世界を広げていくことが成長であると伝えます。

アフターフォロー

生きる力を育てるための園生活を

保護者は目先のことで、わが子が快適かどうかを判断しがちです。けれども、子どもが自分の人生を歩むうえで、気の合う人とだけ付き合うことは不可能です。苦手な人とも関わっていく力を身につけなければならないのです。

保護者トラブル

50 知りたがりで、他の子のことを詮索する

エピソード
おしゃべり好きなTちゃんの保護者。人あたりはよいのですが、噂話も好きで「○○くんってこういう子？」「昨日こんなことがあったらしいじゃない！」と、いろいろ聞いてきます。子どもに関する噂はシャットアウトしたいのですが、どう対応すればよいでしょうか。

保護者　何でも知りたい

子どもから聞きかじったことを詳しく知りたい保護者は多いものですが、他の子については教えられないことを伝えます。

クラスの子のこと、知りたい！

わが子のクラスメイトなのだから、どんな子なのかよーく知っておきたいのが親心。変な癖や、悪い習慣があったりして、うちの子に悪い影響があったら困るし。それに、ママ友に教えてあげたらみんな喜ぶし、ありがたがるはず！

保護者トラブル 噂好き

「そうなんですよ、こないだもこんなことがあって～」

これでは保護者にのせられて、何でもペラペラしゃべってしまう保育者になってしまいます。まさに相手の思うツボ。一方で、他の保護者に尋ねられてもわが子のことをペラペラ話すのだろうな、と思われてしまいます。また、保育者自身、保護者と親しく話せることを喜んでいる一面もあります。

「噂にならないよう、子どもを守るのも仕事なんですよ」

自分の子どもの噂話を他人にされたくないというのは、どの保護者にも共通の思いです。ですから、他の子のことを尋ねられても必要以上のことは話さないのが原則。職務として話せないことを理解してもらい、「ご自身も、お子さんの噂話をされると嫌ですよね」と話しておきましょう。

OK 思いきりよく言い切って
「わからないんです」「どうだったかな？」ととぼけるよりも、はっきり言いきったほうがその後もしつこくなりません。

Point 最後はさわやかに
笑顔と共に理解を求めれば、保護者も大人なのでそれ以上は聞かないうえに、保育者としてのプロ意識も伝わるはずです。

振り返ってみよう　情報をもらしたことはない？

子どもが園であったことを家庭で話すのは自然なことですが、保育者サイドでは、本人やその家族のプライバシーに関わることや、必要のない情報が広がっていないかチェックする必要があります。また、噂の発信源になっていないか、自らを振り返ってみて。

行 事

51 発表会での配役に、不満がある

エピソード　発表会に向けて練習に励んでいる時期に、「うちの子の役、セリフが少なすぎる！」と、保護者からクレームが入りました。もっと目立つ主役級の役にしてほしい、と言われましたが、どう話せば納得してくれるでしょうか？

保護者　目立ってこそ発表会

保護者は、わが子が中心となって輝き、セリフをたくさん言って目立つ姿こそが発表会の醍醐味だと思っています。劇遊びを通して表現を楽しんだり、友達と協力したりして成長していく場であることを伝えましょう。

振り返ってみよう　それぞれの役に、活躍の場はある？

大切にしたいのは、保育者にやらされている役ではなく、子どもが自ら選んだ役だということ。そして、その役でやりたい表現ができていること。子どもたちと相談しながら、それぞれが主役になって輝くことができる場面をつくっていきましょう。

> 「もう進んでいるので、役は変えられません」

これでは全面拒否です。その役の見どころなども伝えられていません。発表会は当日よりも、その日に至るまでの過程で、子どもたちが成長することが保育の目的です。どのようにその役を楽しんでいるか、劇遊びでその子がどんなふうに成長しているのか、具体的に話したいものです。

> 「○○くんが自分で選んだ役です。○○で活躍しますよ」

セリフが少なくても、歌やダンスや他の表現で活躍していること、そして当日の見どころをしっかりと伝えましょう。また、その子がその役に取り組む中で友達とどう相談し、どんな工夫をしたのかも話します。目立つことが大事ではないと、保護者にも理解してもらいましょう。

行事 / 配役への不満

OK 本人がやりたがっている
保育では子どもの主体性を育てることが大切。やりたいことに自ら立候補する力がついたことも知らせます。

Point 見どころを共有する
保育者からその子の努力しているポイントを知らせることで、保護者もわが子の成長を感じることができます。

アフターフォロー

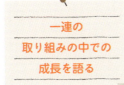

一連の取り組みの中での成長を語る

発表会当日に至るまでに、様々なドラマがあるはずです。小道具をつくるために工夫したところ、動きを考えたところ、友達と相談したところ。そこにその子の成長があります。丁寧にその姿を伝え、発表会を楽しみにしてもらいましょう。

行　事

52 作品展の見どころを保護者に知ってほしい

エピソード
子どもの造形作品を展示し、来場者に見てもらう作品展。保護者の方は「うまい」「いまいち」など作品の出来栄えばかりに目がいくようで、残念です。製作の過程や子どもの成長など、見どころを伝えるにはどうすればよいでしょうか。

NG 子どもの作品を並べるだけ

日々、子どもの育ちを見ている保育者と、保護者とでは作品を見る目が違うのも当然です。保育者が伝える努力なしに、保護者に優れた観察眼を望むのはお門違い。子どもの成長を読み取る保護者の目を育てるのも、保育者の仕事といえます。

振り返ってみよう　発達に合った製作になっている？

子どもの発達に合っていない製作活動では、やっていても楽しくなく、画一的で、個性の出ない作品になってしまいます。個々の子どもの思いや偶然できた形のおもしろさなどが作品に表れるような製作活動を選びたいもの。そうすることで、子どもの思いが生き生きと伝わる作品になるはずです。

行事 作品展の見方

「もっとよいところを見てあげてください！」

「よいところ」と言われても、保護者はどこを見てよいのかわかりません。保護者は保育のプロではないのですから、無造作に置かれた作品から成長を読み取るのは至難の業。子どもの思いや成長を伝えるためには、見どころを具体的に示す必要があります。それも保育者の大切な仕事です。

製作中のつぶやきや思いを吹き出しに書いて展示する

作品の出来栄えではなく、作品に込められた思いや製作過程で育ったものを、保護者に伝えたいものです。それには、まんがの吹き出しのような囲みを付けて、子どものつぶやきや、保育者の思いを書いて読んでもらうのも一つの方法です。クラスだよりを活用してもよいでしょう。

OK 思いの詰まった展示に

展示の方法や、コメントの付け方次第で、伝わり方は変わります。ただ作品を並べるだけではなく、情報をプラスして子どもの成長を伝える工夫をしましょう。

Point 写真や図で示しても

製作途中の写真を一緒に掲示したり、エピソードを付けるなど、工夫は様々。普段から掲示することを想定した準備が必要です。

保護者のキモチ

製作の様子が伝わってくる！

去年はただ子どもの作品を並べただけだったけれど、今年は工夫されていてわかりやすい！　吹き出しや写真があるから、どれだけ子どもが楽しんでいたのかが伝わってきたなあ。線一つにも、思いが込められているんだね。

53 発表会などの行事で、保護者の私語が止まらない

エピソード
園のホールで発表会がありましたが、自分の子のクラスの発表が終わったら小声で私語をする保護者が続出。ザワザワした雰囲気で、子どもたちの集中も途切れてしまいがちに…。おしゃべりをやめてもらうには、どのように伝えればよいでしょうか？

NG もじもじする
大勢の保護者の前に立つことは緊張しますが、もじもじしていては伝わりません。姿勢よくはきはきと話しましょう。

遠慮して小声で話してるけど？
私は迷惑をかけてないでしょ！　だって遠慮して、こんなに小さい声で話しているんだもの。自分の子の出番は終わったんだし、劇の邪魔になるほどじゃないし、少しくらい感想を話したっていいでしょ。これでも結構気を使ってるんだけど？

行事中の私語

「静かにしてください!!!」

行事中におしゃべりをする保護者は、小声で話している時点で「静かにしている」「迷惑はかけていない」と思っています。保育者が「静かに!」と何度叫んでも、状況は変わらないことが予想されます。なぜ困るのかがわかるように、具体的に伝えるほうがよいでしょう。

「子どものセリフが聞こえるよう私語はご遠慮ください」

なぜ私語を慎んでほしいのか、理由を伝えることが大切です。自分の子どものクラスの発表が終わっても、今演じているクラスの保護者たちは耳をすませて応援しています。子どもたちのセリフが聞こえないのは、とても残念で腹の立つこと。毅然とした態度で伝えましょう。

OK さわやかに依頼する
怒り口調や厳しい表情をする必要はありません。大きな通る声で、はっきりとお願いすれば、おしゃべりも止まるはずです。

Point 今日は特別な日
保護者にとっても発表会は特別な日です。お互いにマナーには気を付けたいもの。事前に周知しておきましょう。

こんなケースも 舞台上の子どもに手を振る保護者
子どもの不安を察知して、「ママはここにいるよ!」と存在を示したいのかもしれません。応援の気持ちもあるのでしょう。けれども、せっかくみんな集中して取り組んでいるのですから、気をそがないようにしたいもの。事前に全体へ注意しておきましょう。

行　事

54 運動会などでビデオ撮影や観覧のマナーを守らない

エピソード　運動会では、事前にビデオ撮影や観覧のマナーについてのおたよりを配布したのですが、規定外の場所でビデオ撮影をする人や、他の保護者の迷惑になるような大声での応援などが目につく方も。どう注意すればよかった？

NG 怒った態度
保護者に対して、怒った態度を取ることはお互いに不快です。冷静に依頼する雰囲気で話しましょう。

保護者のキモチ

運動会は盛り上がるものでしょ！

運動会は、親も子もみんなで楽しんで盛り上がるものじゃないの？ みんなで応援して、みんなで楽しんで、何が悪いの？ 子どもの近くで応援したり、撮影したいのは親ならみんな一緒でしょ。ルールで縛りすぎるのもよくないと思うな。

「ここでの撮影は禁止、とお伝えしたはずです！」

これでは頭ごなしにピシャリと打ち据えられた印象です。しかも「撮影は禁止」でルール違反をなじり、「お伝えしたはず」でおたよりに目を通していないことも非難しています。もっと言い方があるだろう、と相手は開き直るかもしれません。ヒステリックに聞こえる言い方は控えましょう。

「子どもが気持ちよく演技できるようご協力ください」

このように言われた時点で、自分は注意されているんだということが伝わります。自分のしていることを振り返り、いけなかったと気付き行動を改めてもらえば、それでよいのです。たくさんの保護者や子どもがいる前で、相手に恥をかかせないことも配慮のうち。笑顔で個別に話しましょう。

行事　マナー違反

OK 協力を依頼する

「園が決めたことは絶対」ということではなく、「子どものために協力を依頼」という姿勢で話すと、納得してもらえるでしょう。

Point 望ましい行動へと導く

「やめてください」ではなく、「こうしてほしい」ということを伝えれば、保護者も素直に受け入れられるでしょう。

こんなケースも　送り迎えの際に、保育の様子を携帯で撮影する

保育中の動画や写真には、その子以外の子どもも写ってしまいます。「わが子の姿を残したい、自分で見るだけだし」という気持ちかもしれませんが、これは許可なく個人情報が流出してしまうことなのでNG。マナーをしっかり伝えましょう。

行　事

55 行事手伝いや掃除など、園への協力をお願いしたい

エピソード
うちの園では保護者に行事の手伝いや掃除などを当番でお願いしています。ほとんどの保護者の方は理解し、率先して引き受けてくださいますが、中には前向きでない方も。保護者には平等に協力をお願いしたいのですが、どうすれば穏便に依頼できるでしょうか。

1 うちの園は保護者に掃除をお願いするけど…

2 Tさんはいつも拒否する人…。困ったなぁ

NG 保護者にレッテルを貼る

「当番をやってくれない困った保護者」と思うと、それは日々の態度にも表れます。レッテルを貼らずにフラットに接しましょう。

保護者のキモチ

無理な日ばかり言われるし！

仕事や介護で忙しいんだもの、義務でもない園の手伝いにまで手は回らないよ。私が参加できない日に限って声をかけられちゃうし、本当に無理なの。他に参加する人はたくさんいるし、私一人が行かなくてもどうってことないよね。

行事 協力の依頼

「まだお掃除されてませんよね?」

掃除は義務ではなく、園がお願いしてやっていただくことです。「やっていないこと」を盾にしてやらせようとするのは、上品なやり方とは言えません。嫌味に聞こえて不愉快な気持ちになります。相手の行動をなじるのではなく、どうすれば気持ちよく参加してもらえるかを考えてみましょう。

「ご都合のつく日をお知らせください」

「忙しいので」「仕事なので」など、何かと理由をつけて断られることが多いでしょう。ですから、相手が必ず参加できる、都合のよい日を2・3日挙げていただき、その日にできることをお願いしましょう。どんな人でも嫌とは言えないはずです。来ていないことは話題に出さず、穏やかに話しましょう。

Point お願いごとは降園時に

保護者へ依頼をするときは、忙しい登園時ではなく、時間のとりやすい降園時にするのが鉄則です。

OK 参加できる日を聞く

まだ参加していないことは話題に出さず、参加できる日を尋ねることで、保護者も前向きに検討してくれるはずです。

アフターフォロー

参加していただいたことにお礼を伝える

手伝ってもらったら、翌日にもう一度感謝の気持ちを伝えます。「おかげさまで園庭がきれいになり、子どもたちも気持ちよく遊べました」などと、子どものためになったことを強調するとよいでしょう。

フローで解説！ 行事での接し方

保育参観　懇談会　個人面談＆家庭訪問

保護者とじっくりと話し合える行事は
信頼関係を築くチャンス！　ポイントを押さえましょう。

保育参観

普段の活動を保護者に見ていただく、保育参観。緊張しがちですが、いつも通りを心がければ大丈夫！

1か月前

おたよりで参加を募る

仕事を休まなければ参加できない保護者のことも考慮して、年度始めに日程を伝えておきます。1か月前くらいには改めてお誘いのおたよりを配布。その際、参観か参加か、親子活動なのかを伝えます。ねらいを明示し、保護者も心づもりできるようにしましょう。

3週間前

具体的に何をするか考える

何をする？
必要なものは？
流れは？

親子活動の場合は、まずは何をするかを決め、必要なもの、服装なども知らせます。参観の場合は、現在の遊びの様子を把握し、当日はどのような姿が見られるか予測して準備します。参加の場合は、どのような場面で関わってもらうのかを考えましょう。

2週間前

準備物・環境のチェック

当日使用する教材や道具類は多めに用意し、不測の事態に備えます。また、「本日に至るまでの子どもの様子」や「参観アンケート」など、保護者向けの配布物や回収ボックス、筆記用具なども。前日までに保育室や、トイレ、手洗い場などの清潔のチェックも忘れずに。

清潔バッチリ！

行事での接し方

2～3日前

子どもたちへ参観について知らせる

おうちの人たちが園に来ることを話します。子どもたちも期待できるように「みんなが楽しく遊んでいるところを見てもらおうね」「おうちの人と一緒に、運動遊びをするよ」などと伝えます。都合で保護者が来られない子どもが寂しくならないような配慮も必要です。

当日

子どもに声をかけながら、普段通りに

にこやかな笑顔で、必要な援助をしながら、いつも通りの保育をします。子どもが自分で考えて取り組む様子、友達と楽しく会話しながら遊ぶ様子、工夫や挑戦をしているところなど、子どもの成長している部分が表れるように関わります。

「ハプニング」で 空気は和む

保護者に見られている状況では、子どもたちは甘えたり緊張したりと、いつもとは違う姿になる場合もあります。保護者にとっては、子どもの意外な一面を知るチャンスともいえます。たとえ失敗してもそこで保育者が適切な援助をして、子どもの学びにつなげましょう。すべてを肯定的に受け止めることで、成長につながる経験となります。保護者には「いつもと違う状況で新たな学びができましたね」と、朗らかに声をかければ、場は和みます。

想定外でも焦らずに。"保護者は味方"と思って

保護者によいところを見せようとすると、力が入りすぎて思わぬ失敗を招いてしまいます。気負わずいつもの保育を心がければ、保育者自身も子どもたちも、いつしか肩の力が抜けるはず。想定外のことが起こったとしても、あくまでも子どもが主役ですから、等身大の自分でOK！ 保護者は味方ですから、手が足りない場合は手伝いをお願いしてもよいのです。子どもが輝く場を、両者で支えましょう。

懇談会

保育者と保護者だけでなく保護者と保護者をつなぐ交流の場となる懇談会。担任が架け橋となり、有意義な会にしましょう。

1か月前

おたより・アンケートを配布

開催日時をおたよりで知らせ、参加すると役に立つことがたくさんあるとアピールします。また、保護者にどのような話が聞きたいか尋ね、知りたいことをリサーチしておくとよいでしょう。

年齢別おすすめ懇談会スタイル

0～1歳児　子どもを遊ばせながら

保育室に遊びのコーナーをつくり、子どもを遊ばせながら近くにいる保護者同士で話ができるようにします。自己紹介では「うちの子のいいところ」から話すよう伝えておくのもよいでしょう。保育者はそれぞれのコーナーを回って会話に参加したり、アドバイスしたりします。後半には子どもを抱っこして集まってもらい、全体に知らせたいことを話しましょう。

2～3歳児　椅子を円形に並べて

全員の顔がお互いに見えるように、椅子を円形に並べて座ります。はじめに保育者から「最近の子どもたちの様子」について話し、そのあと一人一人に自己紹介とテーマについて思うことなどを話してもらいます。質問があればそのつど受けて、回答も全員が聞けるようにします。うなずきながらお互いの話を聞ける雰囲気になると、クラスに一体感が生まれます。

4～5歳児　はじめは小グループで

一つのテーブルに椅子を5つくらい置き、自由に座ってもらいます。いつもの仲よしグループで集まってしまいそうな場合は、番号順や意図的な指定席にしてもよいでしょう。はじめはグループでテーマについて話し、後半はグループで出た話題をそれぞれの代表者に報告してもらいます。その話を引き取り、保育者が必要なことを全体へ伝えます。

3週間前

情報収集＆進行を考える

アンケートから保護者の悩みや知りたいことを探り、それにこたえられるような話を考えるほか、写真をスクリーンに映すのもよいでしょう。当日の進行も考え、タイムスケジュールをまとめておくとスムーズです。

行事での接し方

2〜3日前

環境整備＆準備物

子どもの日ごろの活動がわかるように、製作物を飾ります。最近の行事や遊びの写真を掲示し、説明コメントを添付するのもおすすめ。保育参観と同様、玄関や保育室、トイレなどの清潔もチェックしておきます。

当日

スタートで保護者の心をつかんで

はじめのあいさつが肝心です。にこやかに、今日の参加に対してお礼を述べ、会の流れについて話します。思わずクスッと笑ってしまうような話題でスタートし、和やかなムードをつくりましょう。また、保護者の自己紹介も一工夫すると◎。「子どもの自慢をしながら…」「わが子がよく食べるメニューを付け加えて…」など。個性が出て、打ち解けるのも早いでしょう。

場を盛り上げる司会を心がけて

明るい声ではっきり聞こえる司会進行を心がけます。悩みや相談ごとが出た場合は、兄姉がいる保護者に、経験談を語ってもらうのもよいでしょう。話を上手にフォローして、その場にいる全員でこのクラスの子どもたちを育てる意識をもってもらえる配慮を。

自分の「技」を見せれば一石二鳥

手品やシアター、絵本の読み聞かせなど、あなた自身の得意なことを保護者向けに披露するのも喜ばれます。楽しい雰囲気が生まれて場が和み、また、自分を知ってもらうチャンスにもなります。子どもは日ごろこんなふうに保育してもらっているんだ、ということがわかると保護者の安心感につながります。

個人面談＆家庭訪問

保護者とひざを突き合わせてじっくりと話せる個人面談と家庭訪問。準備をしっかりして臨みましょう。

1か月前

おたよりを出し、スケジューリング＆日程調整

保護者に希望日時を書いた用紙を提出してもらいます。その際、だれが出席するのか名前と続柄を書く欄をもうけるとよいでしょう。だれが出席するかで、話す内容が変わるからです。自由記述の欄を2～3行とり、話したい内容を書いてもらいましょう。全員の希望日時がわかったら日程調整をし、余裕をもって保護者に伝えます。

保護者に尋ねたいこと、伝えたいことをまとめる

気になっている子どもの行動や家庭での様子など、質問を2～3点用意しておきます。また、園で育ちが見られた具体的なエピソードも語れるように保育記録を読み返しておきましょう。子どもの成長を喜び合うことが目的ですから、発達の節目をしっかりととらえておくことが大切です。

2週間前

［家庭訪問］
地図で家の場所をチェック

1枚の地図に、その日に回る家をマークし、道筋もあらかじめ考えておきましょう。雨天の場合も想定し、余裕をもって回れるように考えます。道に迷わないように事前に家の屋根の色や○○の隣などといった手がかりになる目印を尋ねておくと安心です。

［個人面談］〈前日〉
面談場所のセッティング

対面して座るより、話しやすい90度の角度で椅子を置くようにします。できれば丸テーブルのほうが緊張感が和らぐのでベター。窓があるなら、保護者から外が見られる向きに座ってもらいます。落ち着ける空間になるよう、一輪挿しなどで花を飾るのもおすすめです。

当日

行事での接し方

前日～当日はその子の様子をしっかりとらえる

現在の子どものありようが保護者の一番の関心ごとですから、当日も子どもの姿をしっかり見て、「今日の午前中も…」などとエピソードを伝えましょう。また、「お母さん（お父さん）のどんなところが好き？」と子どもに聞いておくと、話の中にさり気なく入れられて、保護者も嬉しい気持ちになります。

つみ木で工夫してる！

成長の側面を具体的に

「今日は○○ちゃんの育ちについて15分でお話できれば」などと切り出し、時間を明確にしましょう。また、「○○ちゃんのこのような点が伸びたと感じます。それは、このような場面で～」とエピソードを続けると、保護者も納得でき、家庭での話も具体的になります。

時間厳守！ 話の配分はしっかりと

そろそろお時間です

次の方が待っているわけですから、時間を延長することがないよう気を付けます。長引きそうなら、別の日に時間を取ってゆっくりと話ができるような段取りを。待たされた保護者に「この先生は時間にルーズ」と思われると、信頼関係にも響きます。

聞いたことはその日のうちにまとめる

忘れないうちに　書いておこう！

伺った内容は、記憶が新しいうちにノートに記します。質問にはこのように答えたということも書き添えましょう。上司に報告すべきことはどれかを判断し、伝えます。保護者と話したことで、より子どもが理解できるようになったはずです。その思いも書き残すと今後の保育に必ず役立ちます。

ワンポイントアドバイス

清潔感ある大人の身だしなみで

面談は保育ではありませんので、いつものエプロンや保育中の服装ではなく、きちんとした大人の社会人としての服装がよいでしょう。いつもとは少し違う雰囲気を醸し出しながら、子どものためにできることを話し合います。

必ず役立つ！保護者の心をつかむフレーズ集

大勢の保護者の前で話すのは、だれだって最初は緊張するもの。だけど大丈夫！印象のよいフレーズや言い回しを身に付けて自分流にアレンジして話しましょう。笑顔と明るい声を忘れずに…これで保護者からの好感度もアップ！

自己紹介

年度始めの懇談会での自己紹介は必須。このときの印象が1年を左右すると思って！

1年目　0歳児クラス担任

み なさん、はじめまして。この春、本園に採用されました〇〇〇〇です。小さいころからの夢だった保育の仕事ができて、とても嬉しいです。日々、成長する子どもたちには驚くことばかりですが、私も同じように日々成長していきたいと思っています。まだわからないことも多く、先輩方に助けてもらうことも多いですが、一つ一つ確実に覚え、子どもたちの笑顔のために努力してまいります。よろしくお願いします。

 新人であることを隠さず、素直に話しましょう。前向きな気持ちを前面に出し、フレッシュさをアピール。若さとやる気を武器に全力で取り組む心構えを伝えましょう。

3年目　4歳児クラス担任

こ んにちは、本園で3年目になりました〇〇〇〇です。昨年は2歳児担当でしたが、今年は4歳児クラスとなり、子どもたちの立派なお兄さんお姉さんぶりにびっくりしております。私は絵本の読み聞かせが得意なので、子どもたちを楽しいお話の世界に連れていきたいと思っています。お気付きのことがございましたら、いつでもお声をかけてください。どうぞよろしくお願いします。

 クラスを受けもって受けた印象を率直に伝えます。これまでに培った自分の得意分野をアピールし、どのように子どもと接していきたいのかを話しましょう。

保育参観

保護者も楽しみにしている保育参観。何のためにある行事なのか、端的に知らせて有意義な時間にしましょう。

フレーズ集

本日はご参加いただき、ありがとうございます。子どもたちは園生活にも慣れ、お気に入りの遊びを見付けて楽しく遊んでいます。時にはひっかいたりかみついたりもある時期ですが、自分の思いを出し、友達の存在を知り、少しずつ共に生活していることを感じています。今日の子どもたちは少し緊張気味ですが、園での過ごし方を見ていただければと思います。

その年齢ならではのトラブルがありえることを、事前に伝えておきましょう。また、保護者が来ていることで子どもたちが少し緊張していることも先に知らせます。

1歳児・始まり

3歳児・始まり

最近の子どもたちは、友達の真似をしたり、言葉を交わしたりと少しずつ心を通わせて遊んでいます。また、やりたい遊びに没頭して一人の世界を楽しんでいる子もいます。それぞれが今していることを十分に味わうことが、次のステップに進む大切な経験となります。子どもが何に心を動かしているのか感じていただければと思います。

子どもの世界が広がりつつあることを伝え、子どもの心の内も感じてもらいたいことを話しましょう。発達には個人差があることも述べ、不安につながらないようにします。

子どもたちは自分で選んだグループごとに、共通の目的をもって活動しています。今日は製作中の家にドアを付けようとか、劇場のチケットを作ろうとか、話し合いながら進めています。どのように友達と力を合わせているか、また自分の思いを伝えているか、心の動きを追いながら見守ってください。短い時間ですが、よろしくお願いします。

保育のねらいや、子どもを見る視点を具体的に伝えます。自分の子だけではなく、クラスの友達との関わり、集団での動きを見ることは家庭ではできないこと。子どもの育ちに注目してもらいます。

5歳児・始まり

終わり

みなさま、本日はありがとうございました。終わりの時刻となりました。子どもたちは自分のやりたいことに存分に取り組み、充実感を味わっていたようです。今日、見ていただいた中でお子さんが熱心に取り組んだところ、工夫していたところなどをお子さんと話し、ほめてあげてください。きっと自信になるでしょう。

まず、保育参観が有意義な時間であったことにお礼を述べます。園で見た子どもの姿を肯定的にとらえ、家庭で子どもに温かい言葉をかけてもらうよう促します。

懇談会

保護者も緊張していることが多い懇談会。保護者同士をつなげられるよう、まずは園のことを知ってもらえるあいさつを。

 入園から2週間が過ぎました。子どもたちも少しずつ好きなことやこだわりを出して、楽しく過ごせるようになってきました。それでも、ご家庭ではご心配や不安もあるかと思います。連絡帳で気付かれたこと、ご心配なことも気兼ねなくお知らせください。一つ一つの成長を共に喜んでいきたいと思っています。

Point 乳児の場合、保護者の心配はつきもの。園での子どもたちの様子を話し、個々の不安に応じた保育をすることを伝え、この後の生活につなげていきましょう。

年度始め 乳児クラス

 進級おめでとうございます。好奇心いっぱいの子どもたちと出会えて、とても嬉しく思っています。新しいお友達とも出会い、探り合いながら少しずつ一緒に遊び始めています。これから体も頭もたっぷり使い、発達に必要な経験を重ねてまいります。また、自然と関わる活動も多く取り入れようと考えています。一年間、よろしくお願いいたします。

Point 一年間の保育方針を語り、どのようなクラスにしていきたいか、何に力を入れようと思っているかを知らせます。子どもたちの最新の情報も盛り込めば、保護者もホッとできるでしょう。

年度始め 幼児クラス

 いよいよ夏休みが始まります。夏にしかできない体験が存分にできるといいですね。旅行に行ったり、親戚で集まったりという経験も、子どもには新しい出会いのきっかけとなるでしょう。体調を崩さないよう、生活リズムを守り、水分を多めにとるようにしたいですね。休み明けに、一回り大きくなった子どもたちと会うことを楽しみにしています。

Point 家族での体験が子どもをたくましくすることを伝え、長期休暇中も子どもたちを案じている気持ちを表しましょう。健康で過ごせるように注意事項を一言付け加えます。

夏休み前

 5歳児クラスはみんなで話し合い、決めていくという力がついてきています。子どもたちは、春から体を動かして遊ぶ気持ちよさを十分に味わってきた中で、運動会でどんな種目をやりたいか、みんなで相談して決めました。また、係の仕事にも責任をもって取り組んでいます。いろいろな場面での活躍をぜひご期待ください。

Point 当日の出来栄えだけではなく、これまでの取り組みや過程の中に子どもの育ちがあります。友達と協力し、試行錯誤しながら当日を迎えることを伝えます。

行事説明

年度終わり

4月にはあどけない顔で遊んでいた子どもたちも、すっかりたくましく成長しました。しっぽ取りで力いっぱい走ったり、ケンケンに挑戦したり、ダンスもノリノリで踊りましたね。そんな子どもたちと過ごせて、とても幸せでした。来年度も、更に大きく成長することでしょう。一年間、持ち物や行事への参加など、ご協力いただきありがとうございました。

Point 子どもたちの成長や思い出を端的に述べ、振り返ります。保育に協力してもらったことに感謝し、今後の子どもたちの成長に期待していることも付け加えましょう。

フレーズ集

卒園前

いよいよ卒園する子どもたちを目の前にし、その成長ぶりに胸がいっぱいです。次第に周りが見えるようになり、友達の気持ちに気付いて折り合いをつけられるようになりました。園での様々な経験を土台に、立派な小学生になるでしょう。保護者のみなさまには、いつも温かくご支援いただき、誠にありがとうございました。

Point 子どもたちの巣立ちを共に喜び、進学へのお祝いの気持ちを伝えましょう。保育者として貴重な一年間を過ごせたこと、園の保育活動に協力いただいたことにお礼を述べます。

個人面談

保護者と一対一で話す際は、改めてきちんとしたあいさつが必要です。印象よく、にこやかに話しましょう。

開始時

本日はお忙しいところ、お時間を割いていただきありがとうございます。園とご家庭で情報交換することで、○○ちゃんにとって更によい環境をつくっていきたいと思います。最近、気付かれたことなど、嬉しい姿も含めて教えてください。園では鉄棒やなわとびで活発に遊ぶ姿が見られます。おうちで何か気になることはありますか？

Point 園と家庭で、共に協力して子どもを育てていきたい旨を伝え、有意義な時間にしたい気持ちを表しましょう。まずは質問をすることで、保護者が口を開くきっかけをつくります。

終了時

いろいろ教えていただき、ありがとうございました。園では見られない○○ちゃんの一面を知ることができて、より深く理解できました。ご心配な点も伺いましたので、これから私も心がけて見ていくようにいたします。また嬉しい変化があれば、お知らせくださいね。これで面談を終わらせていただきます。ありがとうございました。

Point 時間になったら面談の終わりをしっかりと述べて、時間がオーバーしないようにします。子どもについてじっくりと話せたことに感謝し、今後の保育につなげていくことを約束しましょう。

【著者】
横山洋子

千葉経済大学短期大学部こども学科　教授

国立大学附属幼稚園、公立小学校勤務ののち現職。保育者の養成に携わっている。著作に「U-CANの悩まず書ける！連絡帳の文例集」「U-CANの保育者1年目の教科書」（発行：U-CAN）、「子どもの育ちを伝える 幼稚園幼児指導要録の書き方＆文例集」（ナツメ社）、「保育者のためのお仕事マナーBOOK」（学研教育出版）、「月齢別赤ちゃんのよろこぶあそび110」（チャイルド本社）ほか。

カバーデザイン＊宮代佑子（株式会社フレーズ）
本文デザイン＊八木静香
本文DTP＊有限会社ゼスト
本文イラスト＊中小路ムツヨ、野田節美、藤本けいこ
編集協力＊株式会社スリーシーズン
企画編集＊村上芳子（株式会社ユーキャン）
プロデュース＊安達正博（株式会社ユーキャン）

U-CANの保育スマイルBOOKS
U-CANの思いが伝わる＆気持ちがわかる！
保護者対応のコツ

2016年9月7日　初版　第1刷発行

著　者	横山洋子	
編　者	ユーキャン学び出版　スマイル保育研究会	
発行者	品川泰一	
発行所	株式会社ユーキャン　学び出版	
	〒169-0075　東京都新宿区高田馬場1-30-4	
	Tel.03-3200-0201	
発売元	株式会社自由国民社	
	〒171-0033　東京都豊島区高田3-10-11	
	Tel.03-6233-0781（営業部）	
印刷・製本	望月印刷株式会社	

※落丁・乱丁その他不良の品がありましたらお取り替えいたします。
お買い求めの書店か自由国民社営業部（Tel.03-6233-0781）へお申し出ください。

© Yoko Yokoyama 2016 Printed in Japan

本書の全部または一部を無断で複写複製（コピー）することは、著作権法上の例外を除き、禁じられています。

正誤等の情報につきましては『生涯学習のユーキャン』ホームページ内、「法改正・追録情報」コーナーでご覧いただけます。
http://www.u-can.jp/book